Föhring – Geburtshelfer Münchens?
1258 Jahre Ortsgeschichte Oberföhring

Ausstellung des Vereins für Stadtteilkultur im Münchner Nordosten e. V.
anlässlich des 850. Stadtgeburtstags der Landeshauptstadt München

1. bis 24. August 2008
Pfarrsaal der kath. Pfarrgemeinde St. Lorenz,
München-Oberföhring, Muspillistraße 31

Veranstaltet vom Verein für Stadtteilkultur im Münchner Nordosten e. V.

Föhring – Geburtshelfer Münchens?

1258 Jahre Ortsgeschichte Oberföhring

Herausgegeben von Roland Krack
Verein für Stadtteilkultur im Münchner Nordosten e. V.

Idee zur Ausstellung: Roland Krack
Katalogtexte: Karin Bernst, Herbert Feldmann, Roland Krack, Josef Krause, Dr. Gisela Scola
Konzeption des Katalogs: Josef Krause und Roland Krack
Modelle der Ausstellung: Josef Krause
Vitrinenexponate: Zusammenstellung Josef Krause
Nichthistorische Fotografien: Hans P. Thienel
Ausstellungsgestaltung: Dietlind Pedarnig, M.A., Alexander Strathern, M.A., onehand.pr
Wissenschaftliche Beratung: Dr. Christine Rädlinger

Weitere Informationen über den Verlag und sein Programm unter:
www.allitera.de

Bibliografische Information der Deutschen Bibliothek

Die Deutsche Bibliothek verzeichnet diese Publikation
in der Deutschen Nationalbibliografie;
detaillierte bibliografische Daten sind im Internet
über <http://dnb.d-nb.de> abrufbar.

August 2008
Allitera Verlag
Ein Verlag der Buch&media GmbH, München
© 2008 Verein für Stadtkultur im Münchner Nordosten e.V.
und Buch&media GmbH, München
Umschlaggestaltung: Kay Fretwurst, Freienbrink
Herstellung: Books on Demand GmbH, Norderstedt
Printed in Germany · ISBN 978-3-86520-333-5

Inhalt

Christian Ude 7
Grußwort

Roland Krack 9
Einblicke in die Stadtgeschichte Oberföhrings

Christine Rädlinger 16
Zum Ausstellungskonzept

Tafeln der Ausstellung »Föhring – Geburtshelfer Münchens?« 17

Josef Krause 85
Römische Spuren an der Straße nach Föhring

Karin Bernst 87
Die Urpfarrei Föhring und ihre Kirchen

Herbert Feldmann 91
Mythos und Wahrheit von St. Emmeram

Karin Bernst 95
Freisinger Bischöfe und das Münz-, Markt- und Zollrecht

Karin Bernst 97
Das München Heinrichs des Löwen

Roland Krack 106
Vom Jagdgebiet zum Wäldchen: der Prielwald

Gisela Scola 108
Synonym für Wohlstand und Noblesse: der Herzogpark

Josef Krause 114
Inflation

Karin Bernst 116
Heutige Isarbrücken im Münchner Nordosten

Anhang 125

Grußwort

Mit einem fulminanten Programm feiert München seinen 850. Stadtgeburtstag. Dabei war es von Anfang an das erklärte Anliegen der Stadt, die 850-Jahr-Feier als Fest von Münchnern für Münchner zu gestalten. Und die Einladung dazu wurde auch begeistert angenommen. So finden sich unter den 380 Veranstaltungen zum Münchner Stadtjubiläum sage und schreibe 280 Bürgerprojekte. Mit beeindruckendem Engagement, enormer Kreativität und viel Kunstsinn haben die Menschen, Institutionen und Initiativen in unserer Stadt das Motto »Brücken bauen« mit Inhalt und Leben erfüllt.

Auch die Ausstellung »Föhring – Geburtshelfer Münchens?« des Vereins für Stadtteilkultur im Münchner Nordosten (NordOstKultur München) ist dafür ein hervorragendes Beispiel.

Christian Ude

Sie erinnert nicht nur daran, dass Oberföhring bereits anno 750 erstmals urkundlich erwähnt wurde und damit als Münchens ältester Stadtteil bereits auf eine 1258-jährige Geschichte zurückschauen kann, dass der Ort Jahrhunderte davon im Schatten der Residenzstadt München stand, ehe er 1913 eingemeindet wurde. Sie ruft auch ins Gedächtnis, dass Föhring schon lange vor der ersten urkundlichen Erwähnung Münchens am 14. Juni 1158 über eine Isarbrücke, einen florierenden Salzmarkt und einen bischöflichen Münzbetrieb verfugte. Und sie macht damit deutlich, dass durch den Handstreich Heinrichs des Löwen, der diese einträglichen Geldquellen kurzerhand nach München verlegte, Föhring tatsächlich – wenn auch unfreiwillig – eine Art »Geburtshilfe« für München geleistet hat; zumindest aber eine »Anschubhilfe« für die steile Entwicklung einer vormals unbedeutenden Siedlung zum Markt »Munichen«, weiter zur Residenzstadt bis hin zu einer der großen Kultur- und Wirtschaftsmetropolen Europas.

Den malerischen Blick von Oberföhring auf München und die Alpenkette haben einst die Maler der Münchner Schule des 19. Jahrhunderts, von Kobell bis Kaiser, der Stadt zum Geschenk gemacht.

Einen umfassenden Blick auf Oberföhring und seine Beziehungen zu München bietet nun die Ausstellung von NordOstKultur München.

Allen, die zu diesem Geburtstagsgeschenk für München ihren Beitrag geleistet haben, sage ich herzlichen Dank.

Ich wünsche der Ausstellung, den begleitenden Vorträgen und dem Fest die verdiente Aufmerksamkeit und viel Erfolg!

Christian Ude
Oberbürgermeister der Stadt München

Einblicke in die Stadtgeschichte Oberföhrings, wo die Isarbrücke brannte

Alles schaut 2008 auf München – die Stadt feiert ihren 850. Geburtstag. Doch ohne die Föhringer »Vorarbeit« gäbe es München vielleicht gar nicht.

Im Mittelalter überquerte der traditionelle »Salzsenderweg« von Reichenhall und Salzburg nach Augsburg bei Föhring die Isar. Da immer öfter Wagen mit beweglichen Deichseln das Salz transportierten und die Saumpferde und Pferdekarren der Säumer ersetzten, errichtete man vermutlich zu Beginn des 12. Jahrhunderts in Föhring eine Brücke über die Isar. Das Salz, das »weiße Gold« des Mittelalters, musste hier am Föhringer Markt des Bischofs von Freising abgeladen und zum Verkauf angeboten werden. Der lukrative Salzhandel ließ Markt und Münze in Föhring florieren, denn für die Benutzung von Straße und Brücke hatten die sogenannten »Salzsender« als Frachtführer, Zoll in die Kasse des Bischofs von Freising zu entrichten, zu dessen Herrschaftsbereich Föhring gehörte.

Als der Welfe Heinrich XII., genannt »der Löwe« (1129/30–1195), Herzog von Sachsen, von Kaiser Friedrich I. Barbarossa auch das Herzogtum Bayern als Lehen erhielt, war der bis dahin ungestörte Markt in Föhring in Gefahr. Zur Festigung seiner Herrschaft und zur Abschöpfung des wirtschaftlichen Gewinns aus dem Salzhandel leitete der Herzog die vorhandene Salzstraße in den Markt »bei den Mönchen« um. Voraussetzung war eine vermutlich schon bestehende Straßenverbindung und ein Flussübergang (Furt) vor München. Mit seinem attraktiven Markt, der Münze und einer Brücke gab Föhring den Impuls zur Schaffung eines neuen Marktplatzes weiter flussaufwärts. Mit geringem Aufwand ließ sich der Salzhandel auf dem Hallweg von Riem nach Haidhausen zum neuen Isarübergang am Gasteig leiten. Die neue Route brachte jetzt das Salz in den herzoglichen Markt. Das Münchner Stapelrecht schrieb den Händlern vor, das Salz drei Tage lang feilzubieten. Die Zolleinnahmen gingen in den Säckel des neuen Orts Munichen, während die Einkünfte für den Bischof von Freising aus dem Föhringer Markt ausblieben. Der Konflikt zwischen Bischof und Herzog war vorprogrammiert.

Damit steht Föhring gleichsam an der Wiege Münchens und wird unfreiwillig zum Geburtshelfer. Anlass genug, die Chronik Oberföhrings näher zu betrachten. Immerhin wird Föhring schon 750 erstmals urkundlich erwähnt und blickt damit, als ältester Stadtteil Münchens, auf ein 1258-jähriges Bestehen zurück. Föhrings Erstnennung – »quiquid ad Feringas pertinebat« – findet sich im Freisinger Traditionskodex vom 3. Juli 750 und steht im Zusammenhang mit dem Beginn der Besitzgeschichte der Freisinger Bischöfe.

850 Jahre München

Münchens Geburtstag ist der 14. Juni 1158. An diesem Tag hielt Kaiser Friedrich I. Barbarossa in Augsburg Hoftag und sein Onkel, Bischof Otto I. von Freising (1112–1158), konnte seinen Konflikt mit dem Bayernherzog Heinrich dem Löwen, dem Vetter des Kaisers, vortragen. Im Streit um Recht und Geld fand der Kaiser im legendären »Augsburger Schied« eine geniale Lösung. Die auf dem Augsburger Reichstag getroffene Vereinbarung bestätigte dem Welfenherzog Heinrich dem Löwen die Hoheitsrechte über den Markt München und entschädigte den Bischof für den Verlust des Markts in Föhring. Dieses Ereignis verbindet die Stadt mit ihrem späteren Stadtteil Oberföhring.

Von einem Überfall auf Föhring ist in dieser Urkunde keine Rede. Doch hält sich die dramatische Gründungsgeschichte Münchens von der Zerstörung Föhrings durch Herzog Heinrich vor 850 Jahren bis heute. Jedes Schulkind in der bayerischen Landeshauptstadt lernt die Geschichte von der in einer Nacht- und Nebelaktion in Brand gesetzten Brücke des Bischofs von Freising. Sie fehlt in keiner Chronik und keinem Stadtführer.

Beim Hoftag in Regensburg, 22 Jahre nach der Augsburger Vereinbarung von 1158, wurde der »Föhringer Fall« neu aufgerollt. Heinrich der Löwe war inzwischen nicht mehr Herzog von Bayern und Sachsen, da er vom Kaiser geächtet worden war. Seinen Sturz hatte der jetzige Edelmann Heinrich von Braunschweig der verwehrten Waffenhilfe für den Kaiser zu verdanken, weil er einen Kriegszug gegen die oberitalienischen Städte verweigerte, obwohl Kaiser Friedrich I. Barbarossa ihn mit einem Kniefall darum gebeten hatte. Auf dem Reichstag zu Würzburg entzog der Kaiser ihm daraufhin die Herzogtümer Sachsen und Bayern und übertrug die Herzogswürde über Bayern dem Pfalzgraf Otto von Wittelsbach.

Die am 13. Juli 1180 in Regensburg verfasste Urkunde dokumentiert erstmals die Zerstörung der Brücke in Freising, denn der Nachfolger Ottos I., Bischof Albert von Freising (1158–1184), klagt darin, dass »der Edelmann Heinrich von Braunschweig, vormals Herzog von Bayern und Sachsen, den Markt mit der Brücke in Föhring (…) zerstört und ihn gewaltsam in den Ort München verlegt habe.« Es besteht ein Streit über die Übersetzung der Urkunde, insbesondere die Interpretation des Worts »violenter«. Im Lateinischen bedeutet dies nicht nur »gewaltsam«, sondern auch »widerrechtlich«. Dieses »Widerrechtliche« bezog sich aber in jedem Fall auf den Markt, nicht auf die Brücke von Föhring.

Die Legende um Münchens Gründung

Beide Urkunden beinhalten Aussagen, die über die Auslegungen verschiedener Historiker, die Gründungslegende Münchens nähren.

So schrieb der Geschichtsschreiber Johann Georg Turmair, genannt Aventinus, bereits 1521 in seiner »Bayerischen Chronik«, Herzog Heinrich XII. in Bayern habe die »Stat Vering«, »wo eine Niederlage, ein Salzmarkt und eine Brücke« waren, verbrannt, die dortige Isarbrücke abgebrochen und in seine »Stat Mönchen« verlegt. (»Herzog Hainrich veprent Vering die stat, prach die pruck über die Iser ab,
legt maut und zol, die straß und allen handl in sein stat mönchen ...«). Aventinus lag bei Abfassung seiner Chronik nur das Regensburger Urteil vor. Vom Augsburger Vergleich wusste er nichts. Er wurde erst 1582 bekannt.

Karl Meichelbeck brachte 1724 im Auftrag des Freisinger Bischofs die Zerstörung Föhrings mit dem früheren Streitfall vor dem Augsburger Reichstag in Verbindung. In seiner »Kurtzen Freysingschen Chronic« behauptete er, der 1180 bezeugte Übergriff Heinrichs des Löwen in Föhring habe schon vor 1158 stattgefunden. Mit seinen Jahresangaben, abweichend von der früheren Geschichtsschreibung, verlegte er den Überfall auf Föhring nicht in die Zeit wenige Jahre vor dem Regensburger Urteil von 1180, sondern in die Zeit vor dem Tod Bischof Ottos von Freising am 22. September 1158.

Der Dichter Hermann Lingg schmückte im 19. Jahrhundert die Tat blumig in seiner Ballade »Münchens Entstehung« aus:

> An der Brücke zu Vöhring am Isarfluß
> Nahm der Freisinger Bischof den Zoll,
> [...]
> Und einst, als im Dunkel schon lag der Strand,
> Von herbstlichen Stürmen durchweht,
> Kam Heinrich der Löwe von fernem Land
> Zur Brücke geritten noch spät;
> [...]
> Mit grimmigen Blicken und schrecklichem Wort
> Erhob er das Schwert und befahl,
> Zu brechen und niederzubrennen sofort
> Die Brücke mit Pfeiler und Pfahl.

Historische Gewalttat vor 1158?

»Am Anfang der Münchner Stadtgeschichte steht eine Demonstration herzoglicher Macht«, schreibt Richard Bauer, Leiter des Münchner Stadtarchivs, in seinem Buch »Geschichte Münchens«. »Der Welfe Heinrich der Löwe zerstörte 1157/58 das bischöflich-freisingische Regionalzentrum ›Veringen‹.«

Um die historische Wahrheit der Gewalttat ist eine Diskussion unter den heutigen Historikern entstanden.

Freimut Scholz, Autor des Buches »Die Gründung der Stadt München. Eine spektakuläre Geschichte auf dem Prüfstand«, sieht viele offene Fragen. Weshalb zerstörte Heinrich die Brücke des Bischofs? Weshalb sollte Kaiser Friedrich Barbarossa den Herzog für einen Landfriedensbruch belohnen, indem er ihm in Augsburg 1158 Zoll-, Markt- und Münzrechte zubilligte? Er legte großen Wert auf die Einhaltung des Landfriedens und verpflichtete sich 1155 bei seiner Krönung durch den Papst, die Kirche zu schützen. Deshalb erscheint es zweifelhaft, Barbarossa hätte eine Freveltat wie die Zerstörung der Föhringer Brücke und des Marktes vor 1158 ungestraft hingenommen. Für Scholz ist es wenig glaubhaft, dass Zerstörungen in Föhring schon vor 1158 stattgefunden haben sollen. Vielmehr sei eine ganz andere Variante möglich. Da ein verheerender Brand kurz nach dem Tod Bischof Ottos I. den Dom und die bischöfliche Residenz zerstörte, brauchte Bischof Albert Geld für den Wiederaufbau. Entgegen den Vereinbarungen von Augsburg 1158 könnte der Bischof die Zollbrücke und den Fernmarkt in Föhring wieder eröffnet haben. Herzog Heinrich dürfte aus Verärgerung darüber die Brücke unpassierbar gemacht haben.

In Regensburg erhielt der Freisinger Bischof das Recht und das Privileg auf Markt und Zollbrücke. Da Heinrich inzwischen abgesetzt war, verzichtete der Bischof auf die Wiedererrichtung des Föhringer Marktes und übernahm die Verwaltung Münchens und den Gewinn aus dem dortigen Salzhandel.

Während Münchens Aufstieg als Handels- und Residenzstadt begann, blieb Föhring – ab 1180 erstmals als Oberföhring erwähnt – ein unauffälliges Bauerndorf im Besitz der Freisinger Bischöfe am Hochufer der Isar.

Die Römer in Föhring

Als die Römer vor beinahe 2000 Jahren Provinzstädte und Militärposten in ihrer neu geschaffenen Provinz Rätien mit befestigten Straßen verbanden, führte ein Verbindungsweg von Wels nach *Augusta Vindelicum* (Augsburg) bei Föhring über die Isar. Wahrscheinlich wählte man diesen Ort wegen einer natürlichen Hangmulde am Isarhochufer, die möglicherweise an der heutigen »Pernerkreppe« lag. Diese Trasse wurde auch nach Abzug der Römer aus Bayern, Anfang des 5. Jahrhunderts, weiterhin als Handelsweg für Salztransporte genutzt.

Römische Kaufleute und Soldaten brachten ihren christlichen Glauben in die Provinz Rätien, vielleicht auch nach Föhring. Der römische Märtyrer Laurentius zählt zu den am frühesten verehrten christlichen Heiligen. Er ist Namenspatron vieler früh gegründeter

Kirchen um das Jahr 400. Dies lässt den Schluss zu, dass die Oberföhringer St.-Lorenz-Kirche bereits in römischer Zeit geweiht wurde.

Funde aus der Römerzeit entlang der Fernstraße, wie die »villa rustica« in Denning oder Ausgrabungen aus der bajuwarischen Zeit aus dem 7. Jahrhundert in der Stegmühlstraße in Johanneskirchen, zeigen rege Siedlungstätigkeit im Gebiet des Münchner Nordostens über Jahrhunderte hinweg. Grund für die relativ dichte Besiedlung ist im fruchtbaren Land auf der Lösslehmzunge zu sehen.

Die Ortschaften reihten sich in dichtem Abstand aneinander. Sie wurden durch eine schon vor der Römerzeit bestehende Altstraße entlang des Hachinger Baches, von Oberhaching, Perlach, Berg am Laim, Zamdorf, Denning, Englschalking und Johanneskirchen bis Ismaning, verbunden. Von Ismaning führte eine zweite Altstraße entlang des Isarhochufers über Föhring, Bogenhausen, Haidhausen, Giesing nach Grünwald. Im heutigen Stadtgebiet sind nur noch zwei weitere Altstraßen, ebenfalls in Nord-Süd-Ausrichtung, nachweisbar. Eine davon führte von Schäftlarn über Thalkirchen, Sendling und Schwabing weiter nach Freising und über den Bereich der heutigen Altstadt. Die vierte Straße verlief entlang der Würm.

Ohne Lehm daat's München net geb'n

Lehm war nicht nur wertvolles Ackerland, sondern Grundstoff für die Ziegel der wachsenden Stadt München. Bereits 1753 gab es am Rande des zu Oberföhring gehörenden Prielwaldes einen kurfürstlichen Ziegelstadel. Ab 1810 entstanden weitere Ziegeleien. Um die Lehmgründe nutzen zu können, wurde der einstige fürstbischöfliche Prielwald zwischen Oberföhring im Norden und der Englschalkinger Straße im Süden Anfang des 19. Jahrhunderts abgeholzt. Das älteste Anwesen im ehemaligen Ziegler-Weiler Priel, das nach 1856 zur Villa umgebaute »Höchl-Schlössl« (heute Odinstraße 32), ist zugleich das letzte Haus, das von der Zeit kündet, als hier Ziegel gebrannt wurden.

Münchens enormer Bedarf an Backsteinen brachte Anfang des 20. Jahrhunderts Wohlstand in die Dörfer des Ziegellandes um Oberföhring. Bauern wurden zu »Loambaronen«, für die bereits vor mehr als 100 Jahren italienische Gastarbeiter aus dem Friaul auf den Feldern, in den Trockenstädeln und an den Ziegelöfen arbeiteten. Mitte der 1960er-Jahre stellte die letzte Ziegelei in Oberföhring ihren Betrieb ein.

Über 500 Jahre im Hochstift Freising

Föhring gehörte ein halbes Jahrtausend nicht zu Bayern. Es war Teil des Hochstifts Freising, das die Fürstbischöfe seit 1319 – neben ihrem geistlichen Amt – als Landesherren

eines souveränen Staates regieren. Föhring war aber schon seit dem 3. Juli 750 war Föhring im Besitz der Freisinger Bischöfe und wurde erst im Zuge der Säkularisation 1803 bayerisch. Das spätere Oberföhring war lange Zeit der Hauptverwaltungsort der »Grafschaft auf dem Yserrain«, ehe die Verwaltung nach Ismaning zog. Die Grenze zum Herzogtum und später zum Kurfürstentum Bayern verlief in der Mitte der Isar und entlang der heutigen Englschalkinger Straße bis hinüber nach Daglfing, das der südöstlichste Ort der Grafschaft Ismaning im Hochstift Freising war.

In St. Emmeram, unterhalb Oberföhrings, lebten seit dem 9. Jahrhundert Klausner, die Mess- und Organistenarbeiten in einer dem heiligen Bischof Emmeram geweihten Wallfahrtskirche leisteten und in einem Eremitorium Kranke und Wallfahrer versorgten. Dort gab es ab 1721 auch ein Noviziat zur Ausbildung von Schulmeistern – die am frühesten nachgewiesene Lehrerbildungsanstalt Bayerns. Bis zur Säkularisation 1803 wurden hier die Kinder aus Oberföhring und der Umgebung unterrichtet.

Nach der Französischen Revolution 1789 und zu Beginn des 19. Jahrhunderts entwickelte sich Oberföhring zu einem beliebten Ausflugsort für die Münchner Bürger. Anders als in anderen Ausflugsgaststätten, wie etwa der Menterschwaige in München-Harlaching, konnte man nämlich beim Schlosswirt in Oberföhring verbotene Gazetten lesen, die im Kurfürstentum aus Angst vor Aufruhr verboten waren. Die liberale Haltung des Freisinger Fürstbischofs ließ auch kritische und demokratische Blätter zu, die gerne von den gebildeten Münchner Bürgern bei einer Maß Bier, mit Blick auf die Residenzstadt gelesen wurden.

Der »Föhringer Blick«

Um 1800 entdeckten die Maler der Münchner Schule, von Wilhelm von Kobell (1766–1853) bis Ernst Kaiser (1803–1865) und Johann Georg von Dillis (1759–1841), das auf dem Isarhochufer gelegene Bauerndorf Oberföhring, denn von hier aus bot sich ein wundervoller Blick auf München, mit der Alpenkette im Hintergrund. Ein Ölgemälde von Ernst Kaiser mit dem Titel »Blick von Oberföhring auf München« (1835/1840) ist eines der gelungensten Beispiele einer realistischen Biedermeiervedute von München mit der Isar. Stimmungsvoll stellt er hier – ganz im Sinn der damaligen Zeit – die freie Natur als idyllischen Teil einer erweiterten englischen Gartenanlage dar, in die sich das menschliche Leben harmonisch einfügt. Die wunderbare Aussicht auf die Silhouette der Residenzstadt verwendete auch Wilhelm von Kobell gerne als Hintergrund für Soldatenbilder, romantisierendes Bauernleben und idyllische Biedermeierszenerien, wie das Ölgemälde »Herrenreiter und Landmädchen am Isarufer vor München« zeigt, von dem ein Abdruck in der Ausstellung »Föhring – Geburtshelfer Münchens?« präsentiert wird.

Ziel der Ausstellung »Föhring – Geburtshelfer Münchens?«

Der Verein für Stadtteilkultur im Münchner Nordosten e.V. will mit dieser Ausstellung der Stadt München ein Geburtstagsgeschenk machen und gleichzeitig die Sicht auf Oberföhring und seine 1258-jährige Geschichte lenken. Die Ausstellung präsentiert den Betrachtern die lange, wechselvolle Geschichte des Orts. Mit zahlreichem Fotomaterial wird die Historie Oberföhrings dokumentiert, von frühen Funden über die Gründungsgeschichte Münchens und deren Auswirkung für Oberföhring sowie die Bedeutung der Isar, des Salzhandels und der Lehmschicht für Landwirtschaft und Ziegelproduktion, aber auch das Leben im Dorf früher und im Stadtteil heute.

Vielleicht erinnert künftig nicht nur dieses Buch an die Ereignisse in Föhring vor 850 Jahren, vielleicht steht einmal ein Denkmal oder ein Gedenkstein an der Stelle, wo die mittelalterliche Brücke stand.

Oberföhring, August 2008
Roland Krack

Die Abbildungen zeigen Teile einer Postkartenserie, die der letzte Oberföhringer Bürgermeister, Fritz Meyer (1844–1934), kurz vor der Eingemeindung des Ortes nach München im Jahr 1913 in Auftrag gegeben hat. Das im Verlag Hans Pernat erschienene Heft mit zehn Postkarten dokumentiert heute zum großen Teil verlorene Baudenkmäler Oberföhrings.

Zum Ausstellungskonzept

Das 850-jährige Stadtgründungsjubiläum Münchens nahm der Verein für Stadtteilkultur im Münchner Nordosten e.V. (NordOstKultur München) zum Anlass, die Anfänge der Großstadt einmal aus anderer Sicht zu schildern, vom Standpunkt des abgeschlagenen Konkurrenten. Immerhin war es Oberföhring und nicht das im 12. Jahrhundert noch völlig unbedeutende München, das als wichtige Raststation und Brückenübergang an der Fernhandelsstraße Wasserburg–Augsburg beste Voraussetzungen für eine glänzende Zukunft besaß.

Die Ausstellung mit dem bewusst provokanten Titel im Pfarrsaal St. Lorenz widmet sich deshalb den großen Anfängen des Ortes in einem von der Isar stark beeinflussten Umfeld und schildert das Abgleiten des Ortes in das Dasein eines ganz normalen Dorfes, in der manchmal nicht unproblematischen Nachbarschaft Münchens.

Aufgrund umfassender Vorarbeiten und Recherchen erarbeiteten die Mitglieder des Vereins für Stadtteilkultur im Münchner Nordosten e. V. die Geschichte Oberföhrings von seinen Anfängen bis hin zur Eingemeindung im Juli 1913. Einst Konkurrent, dann ausländischer Nachbar und schließlich Teil dieser Stadt, trug Oberföhring viel zur Entwicklung Münchens bei. Diese Ausstellung ist deshalb auch ein Geschenk an diese Stadt – München profitiert erneut von Oberföhring.

Oberföhring, August 2008
Christine Rädlinger

Tafeln der Ausstellung
»Föhring – Geburtshelfer Münchens?«

Einführung

Am 14. Juni 1158 wird München erstmals urkundlich erwähnt – die Stadt feiert im Jahr 2008 ihren 850. Geburtstag.

Münchens Geschichte beginnt mit einem Konflikt zwischen dem Welfen Heinrich XII., genannt »der Löwe«, Herzog von Bayern und Sachsen und Bischof Otto I. von Freising. Streitobjekte sind Markt, Brücke und Münze in Föhring. Heinrich verlagert schließlich den Markt an eine günstigere Stelle flussaufwärts und lenkt die Salztransporte durch diesen Ort. So wird Föhring unfreiwillig zum Geburtshelfer Münchens.

Anlass genug, die Chronik Oberföhrings näher zu betrachten. Immerhin wird der Ort bereits 750 erstmals urkundlich erwähnt und blickt damit als ältester Stadtteil Münchens auf ein 1258-jähriges Bestehen zurück. Jahrhunderte lebte Oberföhring im Schatten der Residenzstadt, bis es 1913 schließlich eingemeindet wurde.
  Im 19. Jahrhundert entdeckten die Maler der Münchner Schule von Wilhelm von Kobell bis Johann Georg Dillis Oberföhring, denn von dort aus bot sich ein wundervoller Blick auf München und die Alpenkette.
  Der Verein für Stadtteilkultur im Münchner Nordosten e.V. will mit dieser Ausstellung die Sicht auf Oberföhring und seine Geschichte lenken – als Geburtstagsgeschenk für München.

Ernst Kaiser, »Blick von Oberföhring auf München«, 1835/1840

Fruchtbares Land

Die Landschaft im Bereich der Mittleren Isar wurde vor ca. 15 000 Jahren von den Gletschern und Schmelzwassern der letzten Eiszeit, der Würmeiszeit, geformt.

Am Ende der Eiszeit entstand im Gebiet Münchens ein riesiger See, der sich seinen Abfluss nach Norden, etwa bei Isareck, schuf. Die starke Strömung riss den schlammigen Seeboden mit fort, nur an wenigen Stellen blieben die lehmigen Sedimente zurück.

Östlich des Isarhochufers, zwischen Isar und Erdinger Moos, von Ramersdorf bis Ismaning war so ein Gebiet.

Diese Lehmzunge, fruchtbarstes Bauernland, war schon früh besiedelt, wie zahlreiche Funde belegen.

Wie Perlen an einer Kette reihten sich die Dörfer um das wertvolle Ackerland: Beginnend im Süden mit Ramersdorf folgten auf der östlichen Seite Echarding, Berg am Laim, Baumkirchen, Zamdorf, Denning, Englschalking, Johanneskirchen und Ismaning im Norden. An der Westseite des Lehmgebietes lagen Unter- und Oberföhring, Bogenhausen und Haidhausen.

Auf der Lehmzunge selbst gab es keine Dörfer, dazu war der Boden zu kostbar. Später, als immer mehr Baumaterial, Steine für die wachsende Stadt München, gebraucht wurde, ziegelte man die Lehmzunge ab, die an einigen Stellen eine Mächtigkeit von sechs bis acht Metern erreichte.

Depotfunde aus der Widenmayerstraße

»Dörfer auf dem Ziegelland«: die Lösslehmzunge im Münchner Nordosten

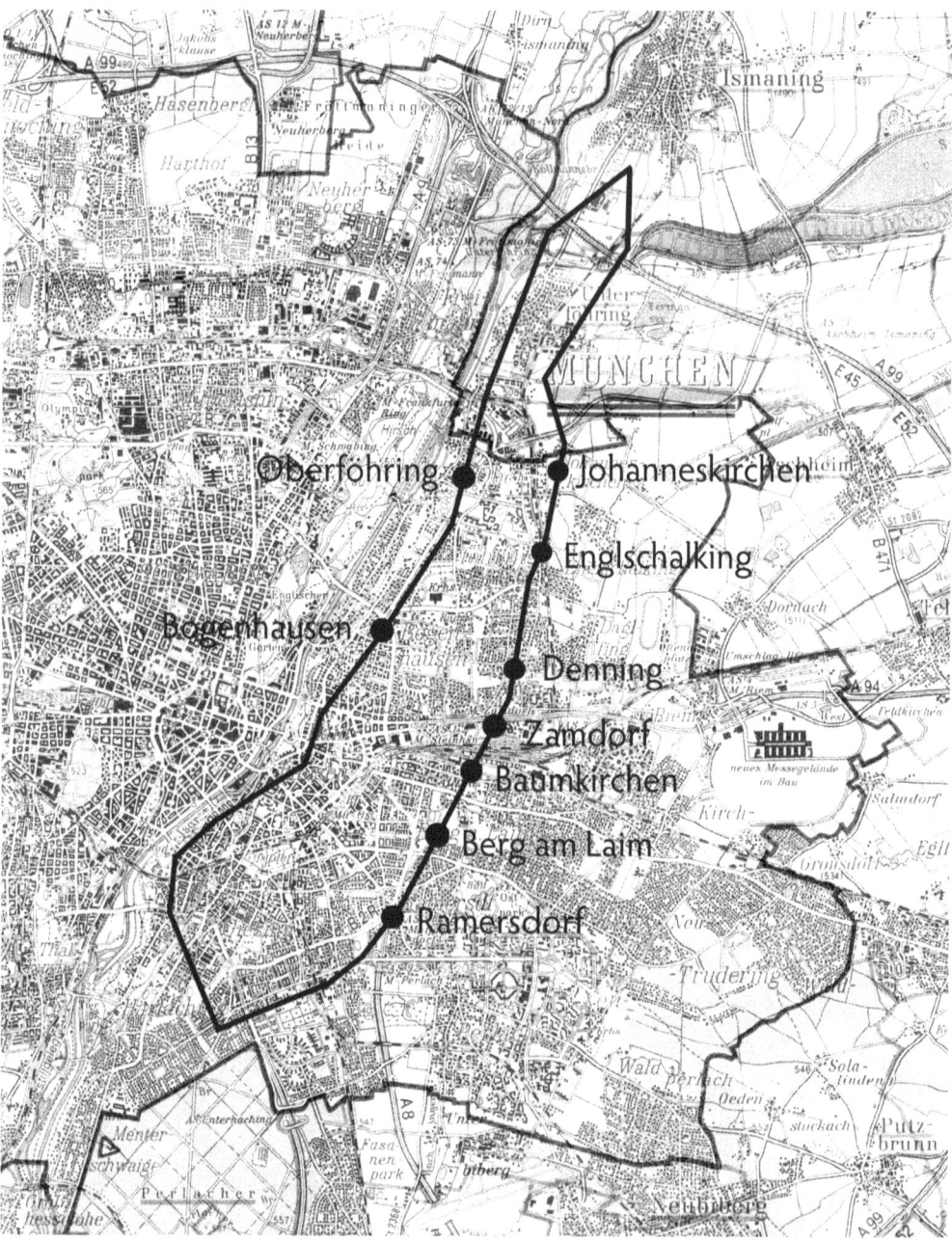

Die Römer im Münchner Nordosten

Die römische Eroberung des Alpen- und Voralpenlandes im Jahr 15 v. Chr. stellte einen markanten kulturellen und siedlungsgeschichtlichen Einschnitt dar. In der neu geschaffenen Provinz Rätien, die vom Bodensee bis zum Inn reichte, verbanden bald befestigte Straßen die Militärposten und Siedlungen. Hier sesshaft werdende Soldaten sowie Handelsbeziehungen mit Rom sorgten für die Verbreitung römischer Kultur. Aus einem wichtigen Legionsstandort entwickelte sich die Provinzhauptstadt *Augusta Vindelicum*, das heutige Augsburg.

Die Stadt Augsburg war durch die berühmte Via Claudia mit Rom verbunden. Den Münchner Raum durchquerten zwei bedeutende Römerstraßen. Die südliche, von Salzburg kommend, wurde bei Grünwald über die Isar geführt.

Römerstraßen nach Oberföhring:
1) *spätere Salzstraße*
2) *römischer Verbindungsweg nach Riem*
3) *nördliche Route durchgezogene Linie: gesicherte Lage, gepunktete Linie: vermutete Strecken*

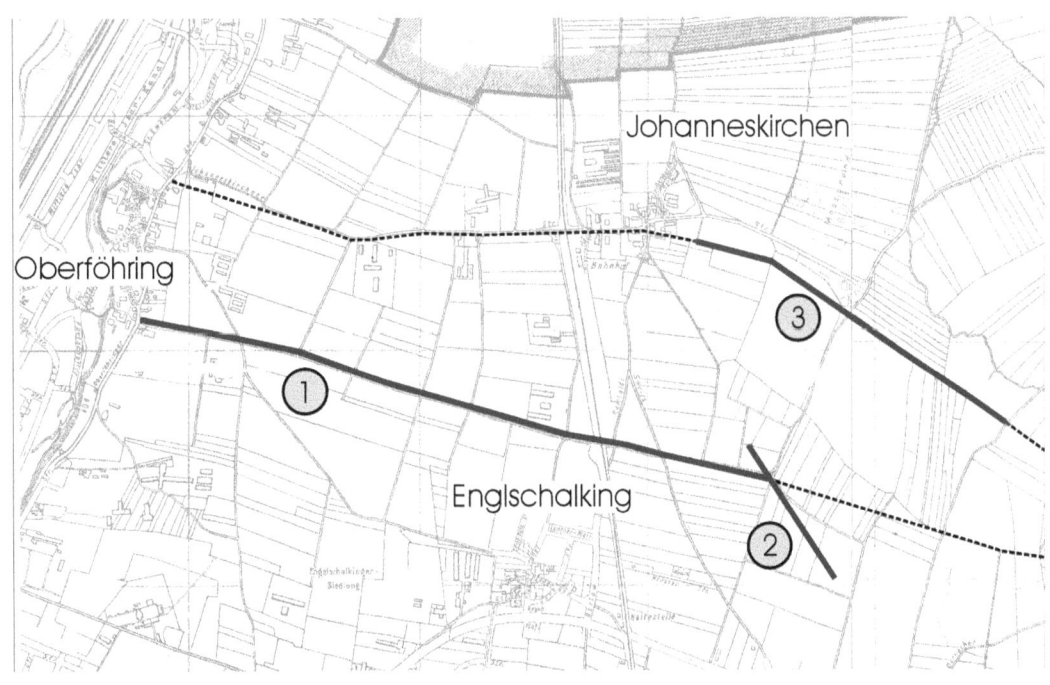

Die nördliche Verbindung von Wels aus kreuzte die Isar bei Föhring (heutiges Oberföhring). Hier sicherte eine Straßenstation den Flussübergang.

Im heutigen Denning befand sich eine Villa rustica, errichtet vermutlich im 2. Jahrhundert. Diesem römischen Gutshof war ein Stein-Badegebäude (neun mal neun Meter) zugeordnet, das – neben weiteren Steinbauten, Reihengräbern und Brunnen – 1928 im Rahmen der Bebauung des Platzes Zur Deutschen Einheit freigelegt wurde. Es hatte fast alles zu bieten, was man von einem Badegebäude in der damaligen Zeit forderte. Alle archäologischen Ausgrabungen sind heute mit Wohnhäusern überbaut.

Römische Therme in Eining, bei Neustadt a. d. Donau

Reichtum durch Salz

Salz war seit dem Altertum eine bedeutende Handelsware, denn zum Würzen der Speisen und zum Haltbarmachen von Lebensmitteln war es unverzichtbar.

Im Mittelalter nutzte der Fernhandel Straßen, die zum Teil schon von den Römern angelegt worden waren. Sie führten von den Salzlagerstätten im Gebirge, wie zum Beispiel Reichenhall, zu den Handelsmetropolen im bayerisch-schwäbischen Raum (siehe Karte).

Die Überquerung von Flüssen geschah in der Regel über Furten, die bei Hochwasser unpassierbar waren. Wenn es Brücken gab, wie in Föhring, mussten die sogenannten »Salzsender« (Fuhrunternehmer) an deren Besitzer Zoll bezahlen.

»Ansicht der Salzstadel«,
Aquarell von Jakob, Mitte 19. Jh.,
Münchner Stadtmuseum

Von Reichenhall ausgehende Salzstraßen im 14. und 15. Jahrhundert

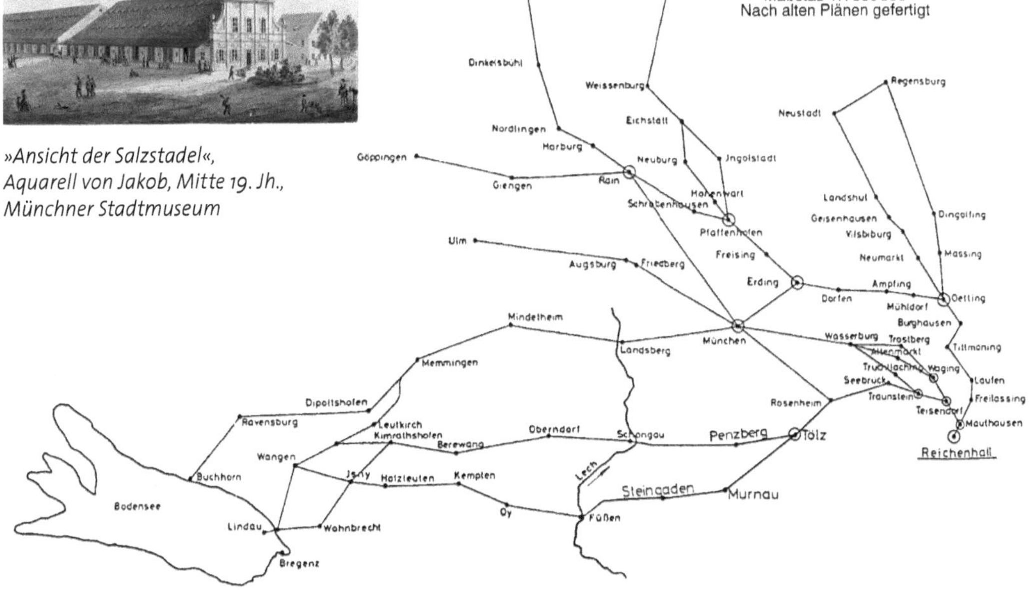

Maßstab 1:1 000 000
Nach alten Plänen gefertigt

Föhring war einer der vielen Marktorte, an denen das Handelsgut Salz abgeladen und zum Verkauf angeboten werden musste. Damit verteuerte sich natürlich das Salz auf seinem Weg von der Förderstätte bis zum Endabnehmer oft um ein Vielfaches. Gerade weil der Transport gefährlich und teuer war, wurden die Salzherren reich. Nicht umsonst sprach man vom »weißen Gold«.

Bis ins 16. Jahrhundert hinein lag der Salzhandel in der Hand privater Unternehmer. Mit der Einführung des herzoglichen Salzmonopols 1587 sicherten sich dann die bayerischen Herzoge die Gewinne.

Am Salzsenderweg in Oberföhring weisen seit 1990 runde, den römischen Meilensteinen nachempfundene Säulen auf den Verlauf der ehemaligen Salzstraße.

Bäuerlich-bajuwarische Besiedlung

Der Historiker Jordanes berichtet 551 erstmals von den Bajuwaren. Über ihre Herkunft und ihre Stammesbildung wird in der Forschung noch immer gerätselt. Der vom Frankenkönig Chlodwig eingesetzte Garibald I. (nach 500–ca. 593) aus dem Geschlecht der Agilolfinger war der erste namentlich bekannte baierische Herzog. Die einzige Stadtgründung der Bajuwaren ist Freising, das 739 erstmals erwähnt wird.

Bajuwaren siedelten auch am Rande des fruchtbaren Lösslehmrückens im Münchner Nordosten. Belege dafür fand die Archäologie an der Stegmühlstraße in Johanneskirchen (s. Abb. S. 26) mit der Entdeckung einer altbajuwarischen Siedlung von bemerkenswerten Ausmaßen, inklusive ausgedehnter Weideflächen. Eine Besonderheit bildeten mehrere kleine Friedhöfe, mit Gräbern aus der Zeit um 690, in denen Männer und Frauen bestattet waren, die wegen der Grabbeigaben als Adelige einzustufen sind. Die »Süddeutsche Zeitung« schrieb am 6. Mai 1983 zu diesem Ausgrabungsfeld:

Scheibenfibel, Bronze Ende 7. Jh.

»Die Grabung des Jahres 1983 stellt den ersten Schritt zur Erforschung der bisher größten bekannten altbajuwarischen Siedlung überhaupt dar. Wie die Luftbildarchäologie nachweisen konnte, umfassen die bisher ergrabenen 20.000 Quadratmeter in etwa ein Zehntel des noch fassbaren Gesamtareals.«

Bronzezeitliches Vollgriffschwert

Bajuwarendorf Kirchheim

Ausgrabungen an der Stegmühlstraße, aus: Archäologisches Jahrbuch 1983

Föhring erhält seinen Namen

Der Name »Föhring« hat sich im Laufe der Jahre verändert. So schrieb man noch bis in das 19. Jahrhundert »Vering«, auch »Vergen«, »Vehringen«, »Ueringa«, »Veringun«, »Weringa«, »Vöring«, »Pfering« waren gebräuchlich.

Mit der Eintragung einer Schenkung (»traditio«) des bayerischen Herzogs Tassilo III. (748–788) in den Freisinger Traditionskodex beginnt die Besitzgeschichte der Freisinger Bischöfe in Föhring. In dieser Urkunde vom 3. Juli 750 wird erstmalig erwähnt: »quiquid ad Feringas pertinebat«.

Das Wort »Feringas« lässt dabei mehrere Übersetzungs- und Ableitungsmöglichkeiten zu, und auch das lateinische Wort »ad« kann sowohl die Bedeutung von »in« als auch von »bei« haben und somit einen örtlichen oder personellen

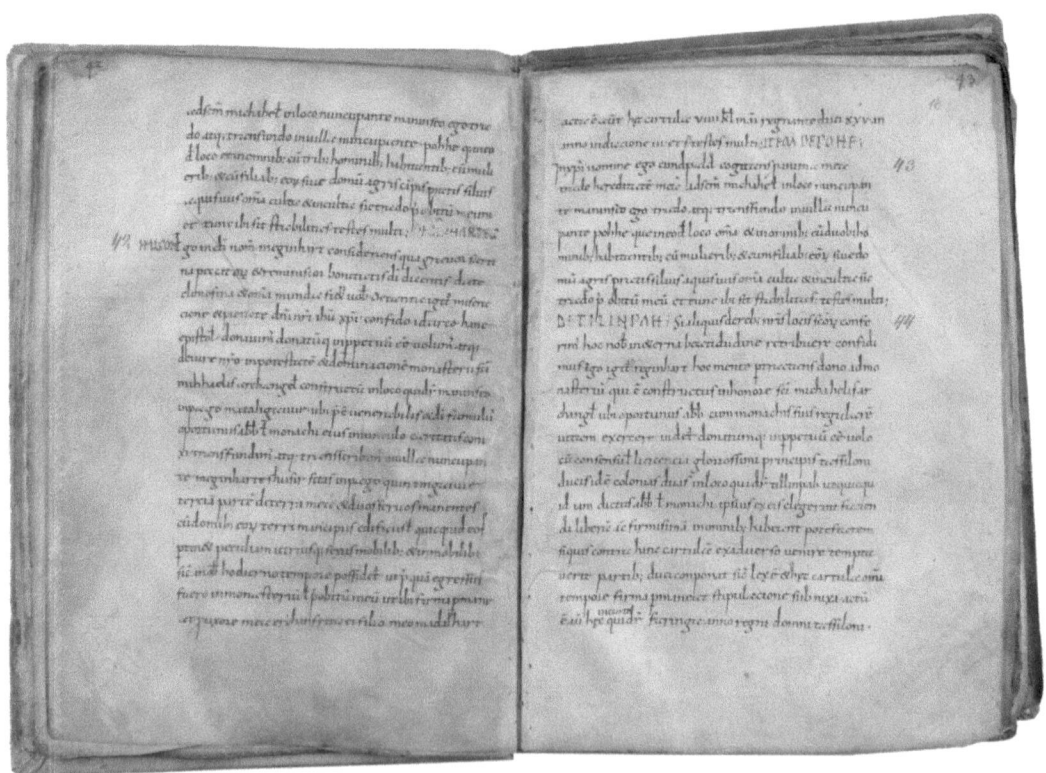

Nennung des Ortes »Faringa«, Traditionsbuch Kloster Mondsee:

Bezug darstellen. Möglich wäre also die Übersetzung »bei den Leuten des Fara oder Fero«, dann würde sich Föhring aus dem Namen der Sippe der »Feringa« ableiten. Es kann aber auch »bei den Leuten am far« gemeint und dementsprechend der Hinweis auf einen Geländepunkt, nämlich eine Stelle zur Überfahrt (»bei den Fähren«) gegeben sein. Weitere Deutungsmöglichkeiten sind: »bei den Fergen«, in Ableitung des Berufes des Fährmanns oder – wieder als örtliche Bezeichnung – »bei den Föhren« (Bäumen).

Im Traditionsbuch des oberösterreichischen Klosters Mondsee ist in einer Urkunde Herzog Tassilos III. aus dem Jahr 783 mit Nennung des Hofs »Faringa« erstmals eindeutig ein Ort aufgeführt, der Föhring heißt.

Um das Jahr 1180 wird zwischen Ober- und Unterföhring unterschieden, wobei sich der bis dahin gebräuchliche Name Föhring stets auf Oberföhring bezog.

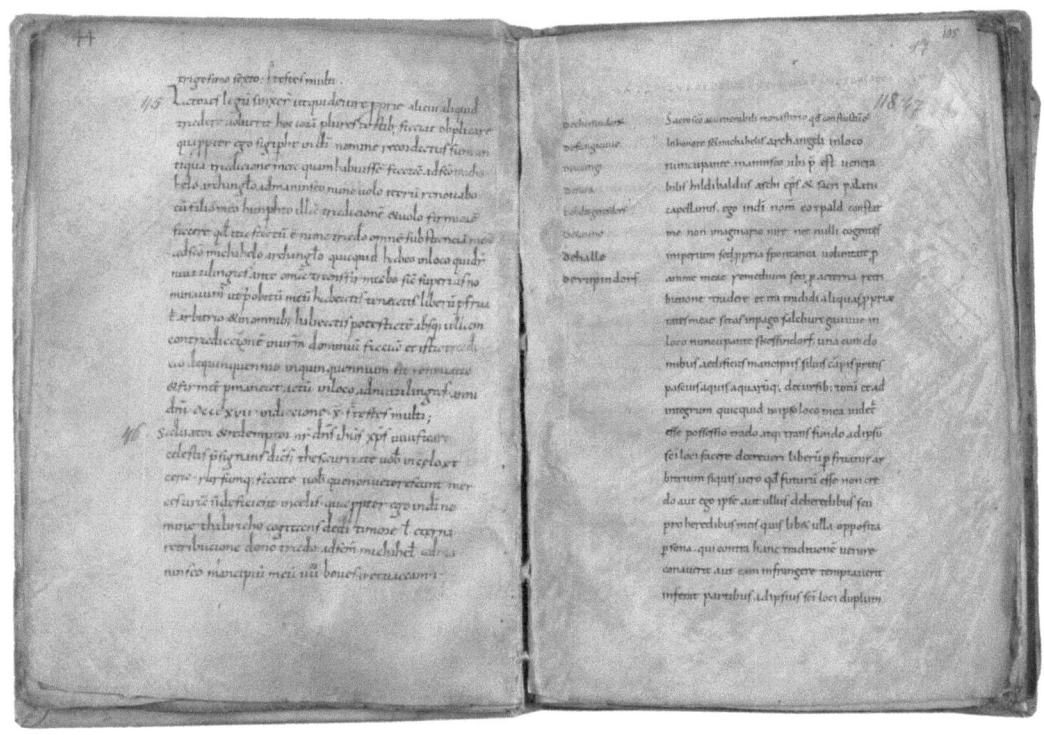

St. Lorenz: frühes Christentum in Föhring

Pfarrkirche St. Lorenz, 2008

Im 3. Jahrhundert brachten römische Kaufleute, Beamte und Soldaten ihren christlichen Glauben nach Augsburg und Regensburg. Bereits Ende des 5. Jahrhunderts war in Bayern das Christentum in der Form der fränkischen Reichsreligion verbreitet.

Frühe Kirchenbauten erhielten die Namen der ersten christlichen Märtyrer. Zu den am frühesten verehrten römischen Heiligen gehörte der Heilige Laurentius, der Patron der Oberföhringer St.-Lorenz-Kirche.

Diese Namensgebung lässt eine Weihe in römischer Zeit vermuten. Daher wird angenommen, dass in Föhring schon um 400 ein erstes Kirchlein St. Lorenz stand. Durch Bodenfunde ist dies jedoch nicht belegt.

Eine Kirche im Ort Feringa wird erstmals in einer Urkunde vom 3. April 822 genannt. Bischof Hitto weist sie darin schon als Eigentum der Freisinger Bischöfe seit den Zeiten König Pippins (751–768) aus. Der Name »Lorenzkirche« wird dabei aber nicht erwähnt.

Die Pfarrkirche St. Lorenz wurde zwischen 1678 und 1680 – bis auf den Turm – neu errichtet, über ihre mittelalterlichen und gotischen Vorgängerbauten ist wenig überliefert. Sie erhielt eine barocke Innenausstattung, der markante jetzige Kirchturm mit seinem Satteldach stammt aus den Jahren 1892/93.

Pfarrgarten und Kirche St. Lorenz, Gemälde um 1880

Hauptaltarbild in St. Lorenz von C. Diebitsch (1964), Kopie von Tizians »Marter des heiligen Laurentius« (1555)

St. Emmeram

Der Oberföhringer Ortsteil St. Emmeram (früher auch Emeran, Haimeran, St. Hainrich, St. Haymran oder Haimeran) verdankt seinen Namen dem Heiligen Emmeram. Er gehört zu den großen Bischöfen, die im 7. Jahrhundert nach Bayern kamen, um die Kirche im fränkischen Sinn zu reformieren. Auf einer Reise vom Hof des Bayernherzogs Theodo I. in Regensburg nach Rom erlitt er, vermutlich im Jahr 652, in Kleinhelfendorf den Martertod.

Nach einer vorläufigen Bestattung in Aschheim wurde der Tote wenig später über die alte Salzstraße nach Föhring gebracht, dort auf ein Floß gebettet und nach Regensburg überführt. Der Ort der Floßlände trägt seitdem den Namen des Heiligen: St. Emmeram. Ab 884 entwickelte sich hier mit der Errichtung einer Kapelle zu seinem Gedenken eine bedeutsame Wallfahrtsstätte sowie in ihrem Windschatten eine Eremitenschule zu entwickeln, die erst mit der Säkularisation 1804 aufgehoben wurde.

Bittprozession zur Gedenkkapelle an den Heiligen Bischof Emmeram, Votivbild, St. Lorenz, 1867

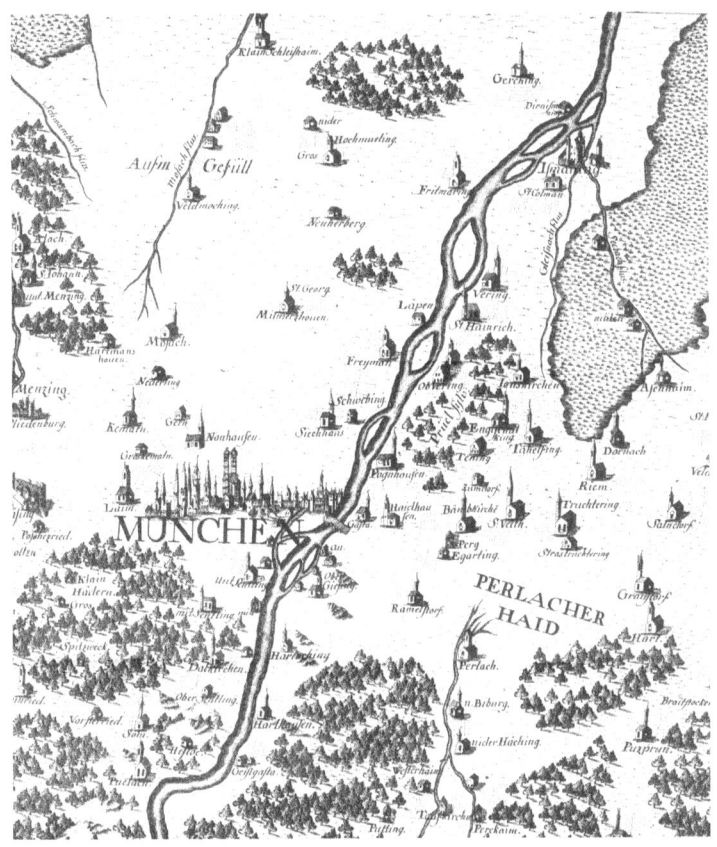

»St. Hainrich«, Kartenausschnitt aus: Bairische Landtafeln von Philipp Apian, 1568

St. Emmeramsstatue
von Rolf Nida-Rümelin

Um 770 verfasste der Freisinger Bischof Arbeo die Lebensgeschichte des Heiligen. Das Werk gehört zu den frühesten Quellen bayerischer Geschichte und zeichnet ein bereits weitgehend christianisiertes Land. Aber lange wurde die historische Authentizität Emmerams angezweifelt, bis man 1978 den Schrein des Heiligen öffnete. Die anthropologische Analyse der Gebeine und des Schädels ergab, dass die in der Emmeramskirche in Regensburg aufbewahrten Reliquien echt sind.

Wallfahrtskirche und Eremitorium in St. Emmeram

Etwa auf Höhe der heutigen Spervogelstraße 12, im Oberföhringer Ortsteil St. Emmeram, befand sich bis Anfang des 19. Jahrhunderts eine Kapelle zum Gedächtnis an den heiligen Bischof Emmeram. Sie entstand vermutlich um 884 an der Stelle, an der der Leichnam des Heiligen Emmeram zur endgültigen Bestattung in Regensburg auf ein Floß gelegt wurde.

Die Kapelle wurde schnell zu einem beliebten Ziel für Wallfahrer, nach Ende des Dreißigjährigen Kriegs nahmen die Emmeramswallfahrten nach Oberföhring an Bedeutung zu. Seit etwa 1663 war der Kapelle eine Klause (Eremitorium) angegliedert. Die dort lebenden Eremiten leisteten

»Wallfahrtskirche und Eremitorium St. Emmeram«, Ölgemälde von Anton Höchl, 1852

Mess- und Organistendienste, versorgten Kranke und Wallfahrer. Ab 1721 gab es auch ein Noviziat zur Ausbildung der Klausner zu Schulmeistern – die am frühesten belegte Lehrerbildungsstätte Bayerns. Im Eremitorium wurde bis zur Säkularisation 1804 unterrichtet. Wallfahrtskirche und Schule wurden 1820/1821 abgerissen und an ihrer Stelle eine Villa errichtet.

Ein Kupferstich aus dem Jahr 1805 ist die einzige erhaltene Abbildung des Wallfahrtskirchleins mit Eremitorium. Architekturmaler, Kunstmäzen und Ziegeleibesitzer auf dem Priel Anton Höchl (1820–1897) hatte zur 1200-Jahr-Gedenkfeier des Todes von St. Emmeram am 22. September 1852 eine Kopie dieses Kupferstichs als Ölgemälde angefertigt und der Pfarrkirche St. Lorenz geschenkt, in der sie noch heute zu sehen ist.

Kupferstich von Simon Warnberger aus dem Jahr 1805

Die Widersacher: Heinrich und Otto

Um 1158 wird Herzog Heinrich der Löwe (1129/30–1195), eine der markantesten Herrschergestalten des deutschen Mittelalters, im Streit um den lukrativen Salzhandel und um Markt und Münze von Föhring zum Widersacher von Bischof Otto I. von Freising (ca. 1112–1158). Der Konflikt zwischen den beiden führt letztlich zur Gründung »Munichens«.

Heinrich der Löwe aus dem Geschlecht der Welfen erhielt 1156 von Kaiser Friedrich I. Barbarossa neben Sachsen auch Bayern zum Lehen. Beide Herzogtümer entzog ihm sein Vetter 1180 wieder, nachdem Heinrich ihm 1176 die notwendige Unterstützung für einen Kriegszug in Italien verweigert hatte. Mit der Reichsacht belegt, verstarb Heinrich entmachtet 1195 in Braunschweig.

Otto, der 1138 Bischof von Freising wurde, gilt als großer Geschichtsphilosoph. Die von ihm verfasste »*Historia de duabus civitatibus*«, in der er die Entwicklung der Welt darstellt, gehört zu den Meisterleistungen hochmittelalterlicher Historiografie. Otto, der Onkel Kaiser Friedrichs I., starb am 22. September 1158.

Stifterfigur Heinrich der Löwe, Braunschweig

Denkmal Bischof Otto Freising, von Kaspar von Zumbusch, 1857, Freisinger Domplatz

Das Königsgut im Chüntal

Föhring war lange vor den ersten urkundlichen Erwähnungen 750 bzw. 783 ein wichtiger Ort. In der 251. Urkunde der Traditionen des Hochstifts Freising aus dem Jahre 807 heißt es »in publico placito in supradicto loco Feringa«, damit wird ausgesagt, dass Föhring ein öffentlicher Platz mit besonderer Bedeutung war. Das könnte sich auf den dortigen Gerichtshof beziehen, aber auch auf einen Föhringer Königshof. Im Früh- und Hochmittelalter diente den reisenden Königen oft ein größerer Gutshof, ein sogenannter »curtis regia«, als Stützpunkt.

Im Bereich des heutigen Oberföhring lässt sich ein solches Königsgut erstmals für das Jahr 788 im Besitz von Herzog Tassilo III. im Chüntal (Königstal) nachweisen. Unter dem Namen »Chüntal«, »Kintal«, »Kunigstal« taucht in mittelalterlichen Urkunden dann immer wieder ein Königsgut auf, dessen genaue Lage in Föhring aber nicht sicher belegt ist. In Frage kommen – neben der Isarau bei St. Emmeram – in Oberföhring drei »Burgstalle«, also Stellen, an denen einst Burgen oder befestigte Anwesen gestanden haben:

- nördlich der ehemaligen Schlosswirtschaft (Oberföhringer Straße 107)
- nördlich des Pernerhofs (An der Schanze 1)
- an der »Badergrube« (heutiges Gelände der Tennisanlage südlich des Föhringer Rings)

Den Föhringer Königshof schenkte König Arnulf von Kärnten im Jahre 890 seiner Gemahlin Uta als künftigen Witwensitz. Einen Teil dieses Gutes »curtis Regia Veringa« erhielt 903 Bischof Waldo von Freising (884?–906) als Beitrag zum Wiederaufbau des abgebrannten Freisinger Domes. Die Spur des Königshofs verblasst im Laufe der Zeit. 1315 nennt eine Urkunde eine Kapelle in »Chünntal« als Filiale der Pfarrei Oberföhring. Auf dem Gebiet des Pernerhofes sollen noch im Jahr 1887 Reste einer Burg sichtbar gewesen sein. In jedem Fall wollte man 1959 mit der Umbenennung der Leonorenstraße in »An der Schanze« an die einstige Wehranlage an dieser Stelle erinnern.

Oberföhring und die Isarauen, Karte der ersten bayerischen Landvermessung, Uraufnahme von 1809

Urpfarrei Föhring

Als erste Kirche der Pfarrei Föhring wird 815 St. Johann Baptist in Johanneskirchen genannt. Die noch bestehende romanische Kirchenburg aus dem 13. Jahrhundert war vermutlich die Taufkirche der Urpfarrei.

Eine Grafik (s. S. 40) veranschaulicht das Gebiet der Urpfarrei Föhring, zu dem die Kirche in Oberföhring mit der Kapelle in St. Emmeram und die Filialen in Unterföhring, Daglfing, Englschalking und Johanneskirchen gehörten.

Im Laufe der Jahrhunderte wurden diese Pfarreien neu organisiert. Unter anderem wurde 1923 der Filialbezirk Unterföhring vom Pfarrbezirk Oberföhring getrennt und zur eigenen Pfarrei erhoben.

Kirche St. Philippus und Jakobus in Daglfing

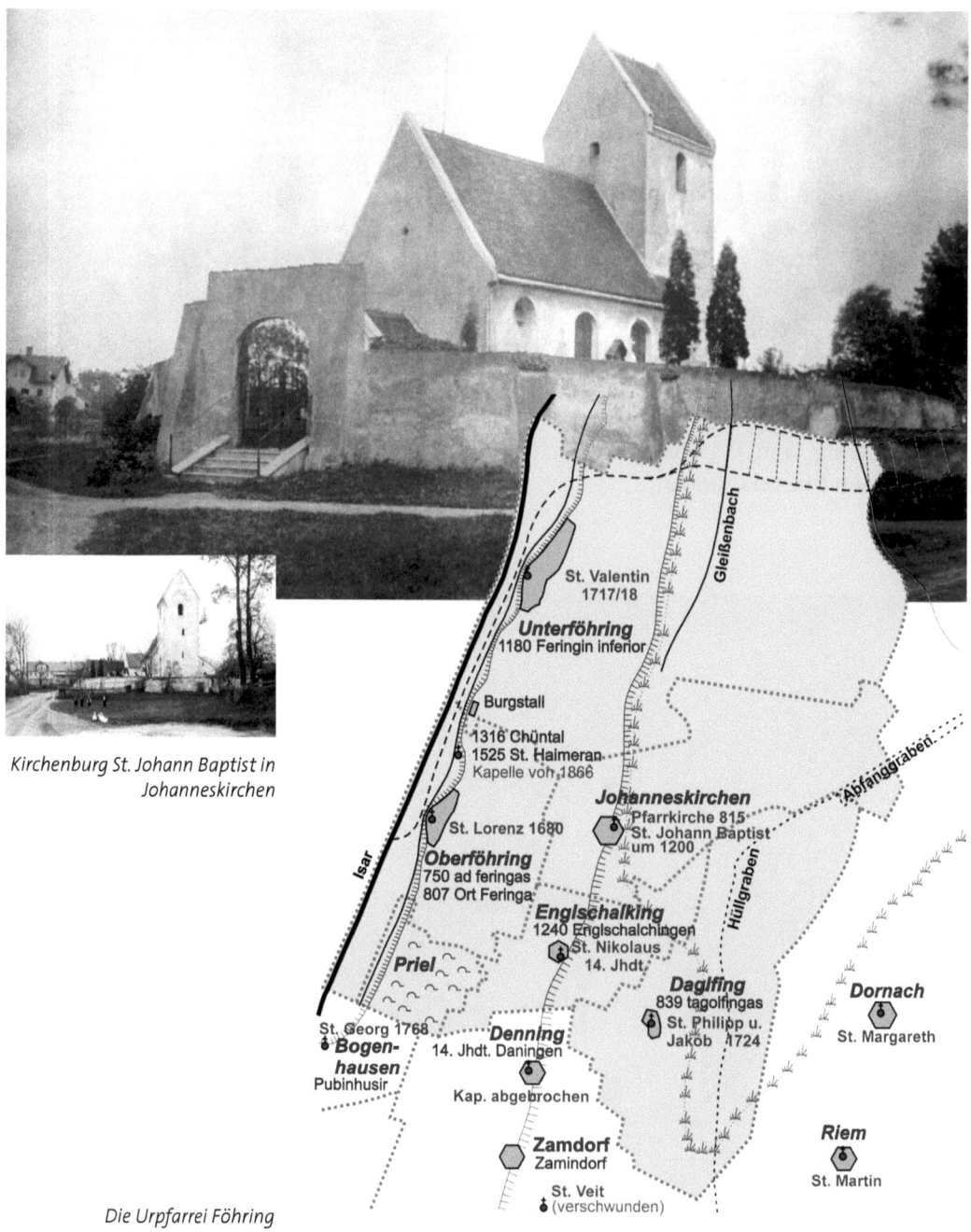

Kirchenburg St. Johann Baptist in Johanneskirchen

Die Urpfarrei Föhring

Bischöflicher Handelsplatz Föhring

Seit dem 22. Mai 996 besaßen die Bischöfe von Freising das von Kaiser Otto III. verliehene Markt-, Münz- und Zollrecht in ihrer Residenzstadt, drei wichtige Privilegien und vor allem Einnahmequellen im Mittelalter. Die königlichen Bestätigungsurkunden des 11. Jahrhunderts führen zusätzlich auch noch das Recht zum Brückenbau und zur Erhebung von Brückenzöllen im Bistum an – ein fast monopolistisches Handelsvorrecht.

Um diese Einnahmen zu steigern, errichtete der Bischof von Freising noch vor 1140 – wohl ohne königliche Genehmigung – bei Föhring einen Markt mit Münzstätte auf Freisinger Reichskirchengut. Die Lage des Ortes bot sich dazu an, denn hier querte die stark frequentierte, von Salzburg/Reichenhall kommende und in Richtung Augsburg weiterführende Salzstraße die Isar.

Pfahljochbrücke bei Emmering, vermutlich 2. Hälfte 19. Jh.

Ab dem Jahr 1138 können hier jedenfalls ein »monetarius de Veringen« (Münzmeister) und ein »trapezita« (Wechsler) festgestellt werden. Für die Errichtung einer Brücke in Föhring fehlen solche historischen Belege, ebenso wie es bis heute keinen archäologischen Nachweis ihrer Existenz in Föhring und somit auch ihres genauen Standorts gibt.

Fakt ist aber, dass der Markt in Föhring, für dessen Errichtung es kein verbrieftes königliches Recht gab, im Laufe der Jahre durch Praxis und Gewohnheit für Freising zu einem bedeutenden Fernhandelsmarkt mit Befugnissen der Zollerhebung bei Nutzung einer Isarbrücke und der Münzprägung geworden sein muss, denn schließlich entbrannte Mitte des 12. Jahrhunderts ein heftiger Rechtsstreit zwischen Bischof Otto I. und Herzog Heinrich dem Löwen um genau diese Einnahmequelle.

»Föhringer Pfennige«, 1158

Fernhändler aus dem Hausbuch der Mendelschen Zwölfbrüderstiftung, Nürnberg um 1400

Föhrings Brücke – Geburtshilfe für München?

Fest verankert in der Öffentlichkeit – vielfach auch noch in der Forschung – ist die Vorstellung, die Entstehung Münchens sei das Ergebnis einer Nacht-und-Nebel-Aktion, der Zerstörung von Brücke und Markt von Föhring durch Streiter Heinrichs des Löwen im Jahr 1158. Der Herzog befiehlt, so erzählt es die Legende, den einträglichen Salzhandel anschließend über eine neue Konkurrenzbrücke

Heinrich der Löwe, Ausschnitt aus dem Wandteppich von Bruno Goldschmitt, 1939

zu leiten und lässt sich von Kaiser Friedrich Barbarossa am 14. Juni 1158 das Marktrecht mit einer Urkunde verbriefen. Der Cousin des Kaisers gründet damit, so lernt man das in der Schule, die Stadt München. Das Nachsehen hat Barbarossas Onkel, Bischof Otto von Freising.

Der Geschichtsschreiber Johannes Aventinus (1477–1534) berichtet zwar in seiner »Bayerischen Chronik« von der Zerstörung der Föhringer Brücke durch einen Brand, ob überhaupt und wann genau Brücke, Markt und Münze in Föhring »zerstört« wurden, ist in der Forschung bis heute umstritten.

Eine kaiserliche Urkunde belegt jedenfalls, dass es in Augsburg im Jahr 1158 zu einem Vergleich in einem Rechtsstreit um die zwei Märkte Munichen und Föhring gekommen ist, die ihren Besitzern mit der Abschöpfung lukrativer Gewinne aus dem Salzhandel die herzogliche bzw. bischöfliche Herrschaft festigten. Über eine Freveltat Herzog Heinrichs des Löwen beklagt sich Bischof Otto I. 1158 vor dem Kaiser jedoch nicht, es kommt zu keiner Fehde, die Parteien einigen sich.

Auf dem auf S. 43 abgebildeten Wandteppich von Bruno Goldschmitt (1881–1964) aus dem Jahr 1939 erscheint Herzog Heinrich der Löwe als rücksichtsloser Stadtgründer. Die monumentale Überhöhung ist durch die nationalsozialistische Ideologie geprägt. Der Teppich befindet sich im Sitzungssaal des Pasinger Rathauses.

Geburtsschein mit Zahlungsbefehl

Zwei Urkunden Kaiser Friedrichs I. Barbarossa belegen die Auseinandersetzung um München und den Föhringer Markt: der »Augsburger Vergleich« (1158) und das »Regensburger Urteil« (1180).

Die auf dem Augsburger Reichstag am 14. Juni 1158 schriftlich festgehaltene Vereinbarung bestätigt dem Welfenherzog Heinrich dem Löwen die Hoheitsrechte über den Markt München und vermerkt weiter:

»Der Markt, der zu Föhring abgehalten zu werden pflegte, die Zollbrücke und Münze werden dort künftig nicht mehr bestehen. Zum Ersatz dafür hat unser Vetter Herzog Heinrich der Kirche von Freising ein Drittel aus seinem Marktzoll zu München zu übertragen (…).«

In der Augsburger Kaiserurkunde findet man keine Andeutung über einen Gewaltakt Heinrichs des Löwen und die Zerstörung von Föhrings Markt und Brücke. Erst im Regensburger Schiedsspruch von 1180 wird über die herzogliche Aktion berichtet.

Münchner Stadtwappen, am und im Münchner Rathaus

Jost Amman und Hans Mielich: Stadtansicht München um 1567

Durch die in Augsburg erzielte Einigung versinkt der Ort Föhring jedenfalls für Jahrhunderte wieder in die wirtschaftliche (und damit auch kulturelle) Bedeutungslosigkeit, die Brücke von München und ihre Einnahmen aber gehören anteilig dem Bischof von Freising – bis Anfang des 20. Jahrhunderts.

Der 14. Juni 1158 ist der offizielle Stadtgründungstag Münchens.

Augsburger Vereinbarung, die Schlichtungsurkunde vom 14. Juni 1158

Bischöflicher Verzicht auf den Markt in Föhring

22 Jahre nach der Augsburger »conventio« kommt es im Konflikt zwischen Freising und Herzog Heinrich XII. bezüglich der Märkte in München und Föhring 1180 zu einem formellen Rechtsverfahren, mit einem entsprechenden rechtskräftigen Urteil. Kaiser Friedrich I. Barbarossa revidiert vor dem Fürstengericht in Regensburg am 13. Juli 1180 die gütliche Einigung von 1158, Herzog Heinrich der Löwe wird dazu aufgefordert, seine Tat rückgängig zu machen. Dies war eine politische Entscheidung, wie sie der Situation nach der Ächtung des Welfenherzogs 1179 (Heinrich hatte Kaiser Friedrich I. die Gefolgschaft bei dessen Italienfeldzug verweigert) und seiner Absetzung und Entmachtung auf dem Regensburger Reichstag entsprach.

In der Urkunde wird festgestellt, dass Bischof Adalbert von Freising Klage führe, der Edelmann Heinrich, vormals Herzog von Bayern, habe »den Markt mit der Brücke in Föhring, den seine Kirche seit uralten Zeiten ungestört in Besitze hatte, zerstört und ihn gewaltsam in den Ort Munichen verlegt«. Der Kaiser, dem der Sachverhalt schon bekannt war, widerruft die Verlegung des besagten Marktes und stellt »(…) diesen Markt samt der erwähnten Brücke unserem getreuen Bischof von Freising (…) zurück«.

Zur Zerstörung der welfischen Siedlung Munichen und der Wiedererrichtung von Markt, Münze und Brücke von Föhring kommt es jedoch nicht. Der Bischof von Freising verzichtete auf eine Wiederherstellung der alten Verhältnisse in Föhring, war er doch als Herr über die Zolleinnahmen am Erfolg des aufblühenden Münchens beteiligt.

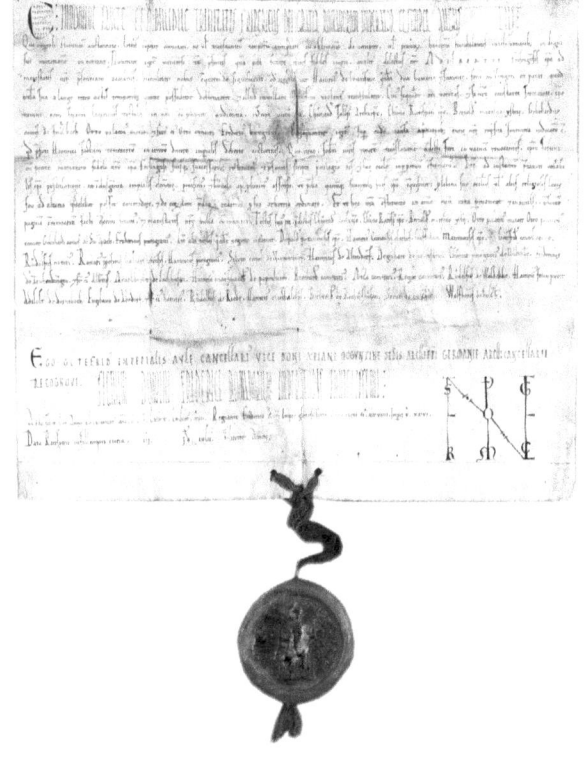

Regensburger Urteil, die zweite Kaiserurkunde vom 13. Juli 1180

Hochstift Freising

Am 29. Oktober 739 wurde Bayern Kirchenprovinz mit vier Diözesansprengeln: Salzburg, Passau, Regensburg und Freising.

Die Freisinger Bischöfe erwarben ab dem 8. Jahrhundert Landbesitz in Bayern, Österreich und Slowenien. Die Gebiete wurden 1294 als Hochstift Freising zusammengefasst. 1319 erhielt Bischof Konrad III. als Reichsfürst die landesherrliche Souveränität und übte im Hochstift Freising die Hochgerichtsbarkeit aus.

Zum Freisinger Hochstift zählte die »Grafschaft auf dem Yserrain« mit den Orten Ismaning, Oberföhring, Unterföhring, Englschalking und Daglfing. Mit dem daran angrenzenden Wittelsbacher Herrschaftsgebiet, dem weit größeren Herzogtum und späteren Kurfürstentum Bayern, war das Hochstift oft in Konflikte und Grenzstreitigkeiten verwickelt.

Neue Grenzziehung in der Isarau bei Unterföhring nach dem Hochwasser im Jahr 1786

A = Verlauf der Isar, N = Gebiet, das der Grafschaft Ismaning verloren ging (190 Tagwerk)

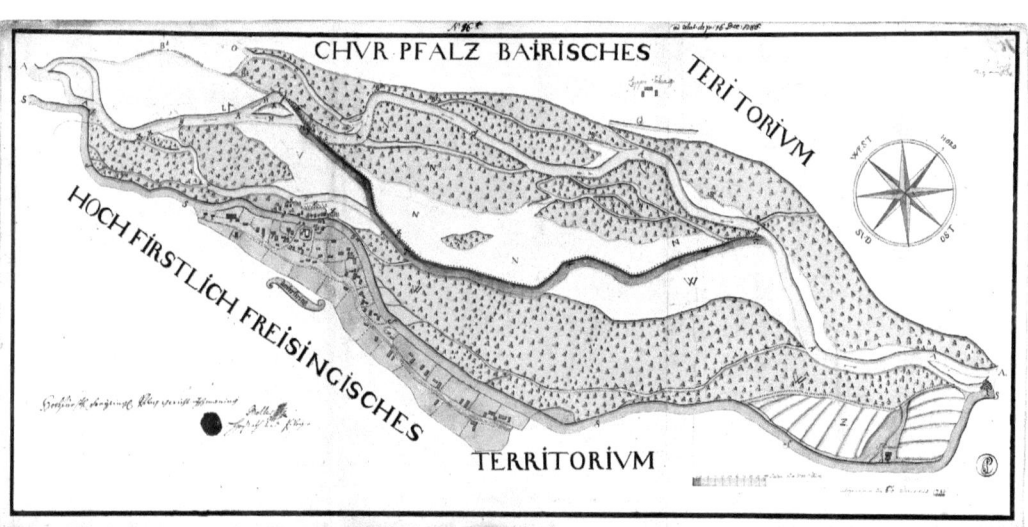

Das Hochstift Freising, Ausschnitt aus einer Karte von Georg Philipp Finckh (1663–1671)

Freising, Postkarte, 1910

Als am 27. November 1802 im Zuge der Säkularisation kurbairische Truppen das Hochstift annektierten, trat Joseph Konrad Freiherrr von Schroffenberg (1743–1803) als letzter Fürstbischof von Freising ab. Die Säkularisation beendete 502 Jahre Eigenständigkeit als geistlicher Staat.

Richter in Föhring und Ismaning

Bereits am 3. April 822 wurde im Föhringer Küntal ein Gerichtstag gehalten, bei dem der Freisinger Richter »gewaltig seinen Stab schwang« und Zeugen an den Ohren zog. Dieses bis ins Mittelalter weitverbreitete Brauchtum, den Zeugen während einer Gerichtsverhandlung am Ohr zu ziehen, sollte ihn ermahnen, keine wichtigen Tatsachen zu vergessen. Das Ohr galt in der Antike als Sitz des Gedächtnisses.

Mit dem Erhalt der Grafen- und Landesgerichtsbarkeit im Jahr 1319 erledigte ein Pfleger – neben dem Richter – im Namen des Fürstbischofs die Amtsgeschäfte, zusammen mit einem Gerichtsschreiber und Schergen. Noch heute erinnert in Oberföhring der Hausname »beim Pfleger« (Oberföhringer Straße 188) an dieses Amt.

Der laut einer Urkunde aus dem Jahr 1431 zu »Obervering an offener Schrannen« zu Gericht sitzende Freisinger Bischof übte neben der niederen Dorfgerichtsbarkeit auch die Hochgerichtsbarkeit bei schweren Straftaten wie Raub oder Mord aus. Dieses auch als Blutbann bekannte Recht des Herrschers kannte »blutige Strafen« («straffen biss an das blut«) oder gar das Todesurteil. Die Richtstätte lag hinter dem Prielwald.

Auch von Hexenprozessen wird berichtet, so 1590 gegen die Oberföhringerin Susanne Pokhmair, die unter Folter gestand, dass ihr der Teufel erschienen sei. Sie und drei weitere Bäuerinnen aus Unterföhring endeten auf dem Scheiterhaufen.

Ab 1650 nahm der Landrichter seinen Sitz im Ismaninger Schloss.

Zeugen bei einer Gerichtsverhandlung, Wolfenbüttler Sachsenspiegel, 13. Jh.

Bauerndorf Oberföhring

Bis ins 18. Jahrhundert übten die Freisinger Bischöfe in Föhring ihre Herrschaft als Grundherren über die Bauern aus. Im 16. Jahrhundert besaßen sie allein in Oberföhring 18 Bauerngüter. Auch der Herzog von Bayern und eine Reihe von Klöstern und Adeligen hatten in der Grafschaft Ismaning Grundbesitz. Eine geschlossene Dorfstruktur gab es damals noch nicht, nur auf das Gebiet verstreute Höfe.

Eine einschneidende Veränderung im bäuerlichen Leben in Bayern nahm Kurfürst Karl Theodor (1724–1799) vor, der die Bauern 1779 von der Abhängigkeit von Grund und Boden entband. In dieser Zeit hatte die flächenmäßig große Grafschaft Ismaning lediglich 1131 Einwohner zu verzeichnen, davon entfielen auf das Dorf Oberföhring 177 Seelen.

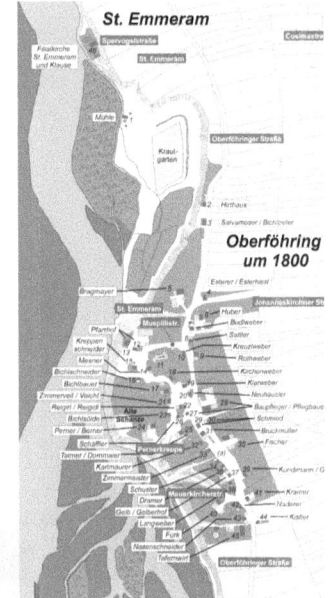

Oberföhring um 1800

»Herrenreiter und Landmädchen am Isarufer vor München«, Ölgemälde von Wilhelm von Kobell, 1831

Um 1800 gruppierte sich um die Pfarrkirche St. Lorenz der alte gewachsene Dorfkern Oberföhrings, weitere Anwesen zogen sich entlang der Hauptstraße – insgesamt 46 Anwesen, von denen aber nur zwölf gemauerte Wohnhäuser waren. Von einem »reichen« Dorf kann somit kaum gesprochen werden. 1828 verpflichtete ein Gesetz die Bauern, ihre Höfe als Eigenbesitz zu erwerben. Dies war die Grundvoraussetzung für einen tiefgreifenden Wandel im Bauerndorf Oberföhring gegen Ende des 19. Jahrhunderts, als die Errichtung von Ziegeleien auf dem Grundbesitz der Bauern zu Reichtum führte.

Postkarten aus Oberföhring

Kriegerische Zeiten – harte Zeiten

Harte Zeiten gab es für die Bevölkerung Oberföhrings immer wieder. Doch besonders schlimm war es, wenn feindliches Kriegsvolk das Gebiet durchzog. So geschehen auch während des 17. Jahrhunderts im Dreißigjährigen Krieg, als schwedische, kaiserliche und französische Truppen München und das umliegende Land heimsuchten. Auf einem Kupferstich von Matthias Merian sieht man die Übergabe der Stadttorschlüssel Münchens an König Gustav Adolf von Schweden am 17. Mai 1632.

1800/1801 besetzten erneut die Franzosen das Land. Unter der Führung Napoleons lagerten die Truppen vor den Toren der Stadt München am »prielholz« in Oberföhring. Auch diesmal wurden – wie bei jeder Besetzung des Landes – die Höfe der Bauern gebrandschatzt, Einquartierungen waren an der Tagesordnung. Dadurch war die Gemeindekasse Oberföhrings so erschöpft, das Anleihen

»Karten spielende französische Soldaten mit Troß an der Isar vor Oberföhring«, Wilhelm von Kobell, 1804

Ausschnitt aus Votivtafel St. Nikolaus, Englschalking, 19. Jh.

aufgenommen werden mussten. Frauen und Mädchen sowie die jungen Burschen versteckte man im Moos aus Angst vor Diebstahl, Vergewaltigungen und Zwangsrekrutierungen, ebenso verfuhr man mit dem Vieh.

Übergabe der Münchner Stadtschlüssel am 17. Mai 1632, Kupferstich von Matthäus Merian, 1644

Säkularisation

Kurfürst Max IV. Joseph verfügte 1802 im Vorgriff auf den Reichsdeputationshauptschluss von 1803 die Besetzung der reichsunmittelbaren Hochstifte in Kurbayern wie Augsburg, Bamberg, Würzburg und Freising. Damit wurden deutsche Staaten wie Bayern entschädigt, die ihre linksrheinischen Gebiete an Frankreich abtreten mussten.

»König Maximilian I. Joseph von Bayern im Krönungsornat«, Moritz Kellerhoven, 1818

Montgelas-Skulptur von Karin Sander, 2008

In Folge dieser Enteignung kirchlicher Güter durch den Staat (Säkularisation) entstand ein bayerischer Einheitsstaat. 1803 endete in diesem Zusammenhang auch die Herrschaft des letzten Fürstbischofs von Freising, Joseph Konrad Freiherr von Schroffenberg (1743–1803). Das fürstbischöfliche Schloss in Ismaning, Sitz des Pflegers der Grafschaft Ismaning, wurde versteigert. Die ehemalige Residenzstadt Freising, so wie auch Oberföhring, waren bayerisch geworden.

Maßgeblich beteiligt an dieser Reform des bayerischen Staatsgefüges war der Minister des Kurfürsten Maximilian Joseph Graf von Montgelas (1759–1838).

Die Skulptur Montgelas' (Promenadenplatz) wurde 2005 von der Künstlerin Karin Sander nach überlieferten Abbildern digital errechnet und computergesteuert aus Aluminium gefräst.

»Freising«, Aquarell von N. Neureuther, 2001

Der Priel – ein verschwundener Wald

Hinter dem Bogenhausener Krankenhaus liegt eine kaum beachtete, ruhige Oase – der Wotans- oder Odinshain, vermutlich der letzte Rest des Prielwaldes.

Der Priel lag am südlichen Ende des Staatsgebietes des Hochstifts Freising und bildete zwischen 1294 und 1802 die Grenze zum kurfürstlichen bzw. herzoglichen Bayern. Er war ein locker bestandener Laubwald, der vorwiegend landwirtschaftlichen Zwecken diente und in dem das Vieh weidete. Die Freisinger Fürstbischöfe hielten sich hier gerne zur Jagdsaison auf.

Die bayerischen Herzöge versuchten mehrmals, den Priel einzutauschen. Aber er blieb freisingisch, was Jäger aus München aber nicht abhielt, in dem Grenzwäldchen unerlaubt zu jagen – Grund für jahrhundertelange Auseinandersetzungen.

Kolossalstatue »Wotan« des Tiroler Bildhauers Heinrich Natter, Kupferstich 1874

Johann Jakob Löw, Karte mit Prielwald, 1716

»Höchl-Schlössel«, 2008

Im Juni des Jahres 1800 lagerte »das fürchterliche Kriegsheer der Franzosen« in und im Umkreis des sogenannten »Pruelholz«, wie eine Votivtafel in der Kirche St. Nikolaus in Englschalking anschaulich zeigt (siehe Seite 54).

Nach der Verweltlichung des Hochstifts wurde der etwa 250 Tagwerk große Priel versteigert und innerhalb weniger Jahre abgeholzt. Ab 1810 entstanden hier Ziegeleien. Eine davon gehörte dem Münchner Architekturmaler und Kunstmäzen Anton Höchl (1820–1897), dessen »Schlössel« noch heute am Odinshain steht.

Die politische Gemeinde Oberföhring

Mit der Auflösung des Hochstifts Freising 1802 wurde Oberföhring bayerisch und dem Landgericht München unterstellt.

Gemäß den Reformen des königlichen Ministers Graf Maximilian von Montgelas wurden Steuerdistrikte gebildet. Aus dem Steuerdistrikt Oberföhring entstanden dann 1812 drei Gemeinden, nämlich Oberföhring, Unterföhring und Daglfing mit den Orten Englschalking, Denning, Zamdorf und Johanneskirchen. Die Einöde Priel kam nach Bogenhausen. Eine Selbstverwaltung der Gemeinden war nicht vorgesehen.

Erst das Gemeindeedikt von 1818 räumte den Landgemeinden einige Selbstverwaltungsrechte, insbesondere beim Gewerberecht, bei Kirchen- und Schulangelegenheiten und bei der Armenpflege ein. Für die Verwaltungsaufgaben waren die Gemeindeausschüsse mit dem Gemeindevorsteher (später Bürgermeister) zuständig. Die Gemeindeordnung von 1869 machte die Gemeinden schließlich zu echten Selbstverwaltungskörperschaften.

Der letzte Bürgermeister Oberföhrings Fritz Meyer (1844–1934)

Die Steuerdistrikte im Münchner Nordosten, 1810

Die Bürgermeister von Oberföhring waren:

um 1816	Georg Angermayer
um 1821	Johann Krinner
1834–1837	Martin Krinner
1837–1840	Franz Welsch
1840–1844	Martin Krinner
1845–1848	Johann Popp
1848–1860	Joseph Kain
1861–1863	Benno Welsch
1864–1866	Michael Spitzweck
1866–1870	Lorenz Haid
1871–1875	Franz Joseph Gruber
1876–1884	Carl Freiherr von Wohnlich
1884–1893	August Haid
1894–1899	Michael Kain
1899–1913	Fritz Meyer

Am Anfang stand die Eremitenschule

Die Schulgeschichte im Münchner Nordosten beginnt mit der heute nicht mehr existierenden Klausnerschule des Eremitoriums in St. Emmeram (Gebiet der heutigen Spervogelstraße). Bereits im Jahr 1500 sollen hier Klausner die Kinder der Umgebung von Oberföhring unterrichtet haben. Einen Beleg für das »Schule halten« findet sich aber erst in einem Bittgesuch von 1707 an das Freisinger Domkapitel.

Der Schulbesuch war freiwillig und kostete Schulgeld. Der Unterricht der Eremiten bestand hauptsächlich im Lesen und Schreiben und in der Vermittlung biblischer Geschichten.

Ehemalige Oberföhringer Schule, Muspillistraße 27, um 1950

Als Bayern 1802 die allgemeine Schulpflicht einführte, gehörten zur Pfarrei Oberföhring 33 Knaben und 31 Mädchen, die in der Klausnerschule unterrichtet wurden. Ein Dekret über die »Aufhebung der Eremiten« bedeutete auch das Ende für die Schule in St. Emmeram.

Aber erst im Jahre 1820 wurde ein Schulhausneubau, heute Muspillistraße 27, genehmigt. Hier gingen auch die Kinder aus Daglfing, Englschalking und Johanneskirchen zur Schule. Sie wanderten winters wie sommers eineinhalb (!) Stunden von ihren Dörfern dorthin. Heute steht das Gebäude unter Denkmalschutz, und die Oberföhringer Kinder werden in der Grundschule an der Oberföhringer Straße 224 (erbaut 1959) unterrichtet.

Schulklasse, Muspillistraße 27, im Jahr 1930

Dorfleben in Oberföhring um 1800

Zu Beginn der Biedermeierzeit, Anfang des 19. Jahrhunderts, zeigte sich Oberföhring als bäuerlich verschlafenes Dorf. An der lang gezogenen Hauptstraße (Oberföhringer Straße) lagen mehrere Wirtshäuser, wie die traditionsreiche »Schlosswirtschaft«, neben kleinen Bauern- und Tagelöhnerhäuschen mit moosbewachsenen Strohdächern, reichen Blumengärten und bis zum Dachfirst von Efeu umrankten Fassaden.

Doch die Idylle hatte auch ihre anderen, weniger romantischen Seiten, denn nur wenige Bauern konnten ihre Familien mit den landwirtschaftlichen Erträgen ernähren, viele

örtliche Schmiede

Metzgerei Drexler

Kohlenhandlung Schüssler

Kleinbauern mussten zusätzlich als Handwerker oder Tagelöhner dazuverdienen – ein hartes Leben für viele. Nicht zu reden vom Leben der Dienstboten, das der damalige Pfarrer von St. Lorenz, Carl Riedl, knapp beschreibt mit den Worten: »Gegeißelt durch Verträge, Lohnentzug, Fortjagen!«

Um 1800 verzeichnete das Katasteramt für Oberföhring relativ viele nichtbäuerliche Berufe: sechs Hausweber, die die Tuchbleiche in der Isarau (Höhe heutiges Stauwehr) nutzen, vier Schneider, zwei Zimmerleute, einen Fischer, einen Schmied, einen Wagner, einen Schuhmacher, einen Sattler, einen Kistler (Schreiner), einen Schäffler und einen Krämer. In St. Emmeram betrieb ein Müller seine Mühle. Es war um diese Zeit die letzte von ehemals drei Mühlen, die im 17. Jahrhundert mit der Wasserkraft des Brunnbachs betrieben wurden, ehe das Hochwasser der Isar sie zerstörte.

Gaststätte »St. Emmeramsmühle« in St. Emmeram

Kramerladen

Fritz Meyer (links), mit Dienstboten, Ende 19. Jh.

Schlosswirt und »Föhringer Blick«

Schlosswirtschaft um 1920, Postkarte

Zu Beginn des 19. Jahrhunderts entdeckten die Münchner die wunderbare Aussicht, die man von Oberföhring in Richtung München mit der Alpenkette im Hintergrund hatte. Man sprach vom berühmten »Föhringer Blick«, den viele Landschaftsmaler der Münchner Schule von Wilhelm von Kobell bis Johann Georg von Dillis festgehalten haben. Man genoss die Aussicht und trank gerne in den Oberföhringer Wirtsgärten sein Bier.

Gebildete Münchner pilgerten auch deshalb eine Stunde weit in das Gebiet des liberaleren Freisinger Fürstbischofs, weil sie hier im Kurfürstentum verbotene Gazetten, wie etwa die wegen ihrer freiheitlichen Gesinnung bekannte »Oberdeutsche Zeitung« in Ruhe lesen konnten.

»Terrasse bei Föhring«, Wilhelm von Kobell, Aquarell um 1827

Nach der Französischen Revolution 1789 hatte nämlich Kurfürst Karl Theodor aus Angst vor Aufständen ein Verbot aller Zeitungen, die aus Frankreich berichteten, erlassen.

Vor allem ab 1820 trafen sich die Münchner Bürger gerne an den »Föhringer Tagen«, am Sonntag, Montag und Donnerstag, »beim Schlosswirt« mit seinem schattigen Wirtsgarten, dem Tanzpavillon, einem Karussell und einer hölzernen Schlange als Spielzeug für die Kinder.

Erst 1970 wurde die Schlosswirtschaft in der Oberföhringer Straße 107 abgerissen und durch den Neubau der »Bräupfanne« ersetzt, die es mittlerweile auch nicht mehr gibt. Von den ehemals in Oberföhring geführten dörflichen Wirtshäusern wird nur noch der »Freisinger Hof« betrieben.

Abbruch Gasthof »Zur Post« im Jahr 1999

Gaststätte »Freisinger Hof«, 2008

Gasthof »Zur Post« im Jahr 1950

Oberföhringer »Loambarone« und Ziegeleien

"Ohne Lehm daat's München ned geb'n!« – jahrhundertelang lieferten die Dörfer auf dem Ziegelland am östlichen Isarhochufer Millionen von Ziegelsteinen und Dachziegeln zum Aufbau der Stadt München.

In der Gründerzeit, als der Ziegelbedarf zum Häuserbau rasant anstieg, begannen die Bauern im Münchner Nordosten mit der Ziegelproduktion auf ihrem Grund und Boden. Bis Mitte des 20. Jh. stellten die Ziegeleien in Oberföhring Ziegel her. Nach dem Zweiten Weltkrieg ermöglichten sie den Wiederaufbau Münchens, bis die Vorkommen erschöpft waren.

Geziegelt wurde bis Mitte des 19. Jahrhunderts in Feldziegeleien. Das Herstellen der Rohlinge war reine Handarbeit. Gebrannt wurde direkt neben der Lehmgrube in Feldbrandöfen. Seit 1880 wurde in Ringöfen gebrannt. Zu Beginn des 20. Jahrhunderts ging die Aufbereitung der Ziegel maschinell vonstatten. Das Jahr 1895 verzeichnet 33 Ringofenziegeleien für das Bezirksamt München I, davon acht in Oberföhring.

Ziegeleien in Oberföhring um 1913

ehemalige Ziegelei Hartl

Lehmabbau Ziegelei Fritz Meyer, Lore und Pferd

Als »Loambarone« bezeichnete man die zu Wohlstand gekommenen Großbauern; in Oberföhring waren dies um 1910 Lorenz Haid, Josef Haid, Lorenz Hartl, Josef Grimmeisen, Fritz Meyer, Alfred Model, Benno Welsch, Franz Welsch und andere.

Seit 1970 gehört die Ziegelproduktion der Vergangenheit an. Nur noch zwei ehemalige Fabrikanlagen in Oberföhring erinnern an diese für München wichtige Industrie: Lorenz Haid, An der Salzbrücke und Deck (vormals Josef Haid), Oberföhringer Straße 204.

Ziegelei Deck, fotografiert von Camilla Kraus 2008

Italienische »Ziegelpatscher«

Um den steigenden Bedarf an Arbeitskräften bei der Ziegelproduktion Mitte des 19. Jahrhunderts abzudecken, kamen ab 1865 die ersten Italiener aus dem Friaul im Nordosten Italiens als Gastarbeiter nach Oberföhring. Zwischen 12 und 16 Stunden arbeiteten Männer, Frauen und Kinder ab 14 Jahren in den hiesigen Ziegeleien. Zu essen gab es meist nur Polenta aus Maisgries, geschlafen wurde in den Ziegelstadeln. Anfangs mussten die sogenannten »Ziegelpatscher« vom Morgengrauen bis zum späten Abend auf den Feldern arbeiten. Pro Monat verdiente ein Ziegelschlager 30 Mark. Dafür musste er täglich 1400 Ziegel schlagen.

Die Arbeiter waren erbärmlich untergebracht, arbeitsrechtliche Vorschriften wurden selten eingehalten. Das Bezirksamt München beanstandete anhaltende Verstöße des Oberföhringer Bürgermeisters Fritz Meyer und der anderen Ziegeleibesitzer.

In den 1920er-Jahren wurden infolge der Mechanisierung in der Ziegelherstellung weniger Arbeitskräfte gebraucht. Die meisten Arbeiter kehrten in ihre Heimat zurück, nur wenige blieben hier. 1959 starb in Oberföhring der ehemalige Friauler Ziegelmeister Armellini im Alter von 98 Jahren.

Ofenleute der Ziegelei Dr. Bastens, Unterföhring, 1.7.1925; links Armellini

Der Weg zur Eingemeindung Oberföhrings

Auf das Ansinnen der Stadt München, nur Teilflächen des nördlichen Herzogparks aus dem Gemeindegebiet von Oberföhring einzugemeinden, erwiderte der letzte Bürgermeister Oberföhrings, Fritz Meyer (1844–1934), dass sich Oberföhring des »wertvollsten Stücks« seiner Gemeindeflur »nicht ohne Kampf berauben lassen wolle«. Er stellte daher für die Gesamtgemeinde folgenden Antrag an die Stadt München:

»Euer Hochwohlgeboren! Die Gemeinde Oberföhring hat sich unterm 12. Mai 1911 erlaubt, an den Hochlöblichen Magistrat der Haupt- und Residenzstadt München die ergebenste Bitte um Aufnahme in den Burgfrieden München zu richten.«

Ansichtskarte aus Oberföhring mit St. Lorenz und dem 1962 abgebrochenen Wasserturm

Den Fragebogen des Magistrats beantwortete Oberföhring wie folgt:

»Die Gemeinde hat 1056 Einwohner, davon 39 Protestanten. 155 Schüler besuchen die Schule. Im Sommer arbeiten ca. 800 Italiener in den 13 Ziegeleien. Seit 1901 gibt es eine Wasserversorgung. Die Oberföhringer Distriktstraße war 1904 auf Gemeindekosten gepflastert worden. Acht mal täglich fährt die Motorpost die Gemeinde an. Eine Fähre im Grüntal setzt über die Isar.«

Seit dem 1. Juli 1913 gehört Oberföhring zu München.

1901 in St. Emmeram als Pumpstation für die kommunale Wasserversorgung Oberföhrings erbaut, steht das »Wasserschlösschen« heute unter Denkmalschutz

Das Bernheimer Schlösschen

Im für die Jahrhundertwende typischen Baustil des Historismus ließ sich 1900/1901 der Bildhauer Johann Parzinger eine stattliche Künstlervilla mit Atelier in der Muspillistraße 19 in Oberföhring erbauen Das burgartige Schlösschen ersteigerte 1913 Ernst Bernheimer, Sohn des zu hohem Ansehen gelangten jüdischen Kunsthändlers und Königlich Bayerischen Hoflieferanten Lehmann Bernheimer.

Nach der Machtergreifung durch die Nationalsozialisten wurde wie überall in Deutschland auch die persönliche Habe der jüdischen Familie Bernheimer beschlagnahmt und die Firma »arisiert«. Dass es »nur« zur finanziellen Entrechtung und Ausplünderung kam und sich die Familie der physischen Vernichtung durch eine Flucht ins Exil entziehen konnte, ist eine der seltenen Ausnahmen dieser Zeit geblieben.

1940 bezog die »Arno Fischer Forschungsstätte GmbH« das Schlösschen. Arno Fischer, gelernter Maschinenbauer, NSDAP-Mitlied seit 1930 und ein alter Mitkämpfer Adolf Hitlers, war als Leiter der Forschungsstätte in Oberföhring mit der Erstellung und Überprüfung von Unterwasserturbinen betraut gewesen.

1950 erhielt Ernst Bernheimer das Anwesen zurückerstattet und verkaufte es noch im selben Jahr an die Stadt München, die im Gebäude ein Altersheim einrichtete. Heute ist hier eine therapeutische Wohngemeinschaft für Jugendliche untergebracht.

Das Bernheimer Schlösschen, 2008

Herzogpark und Grüntal

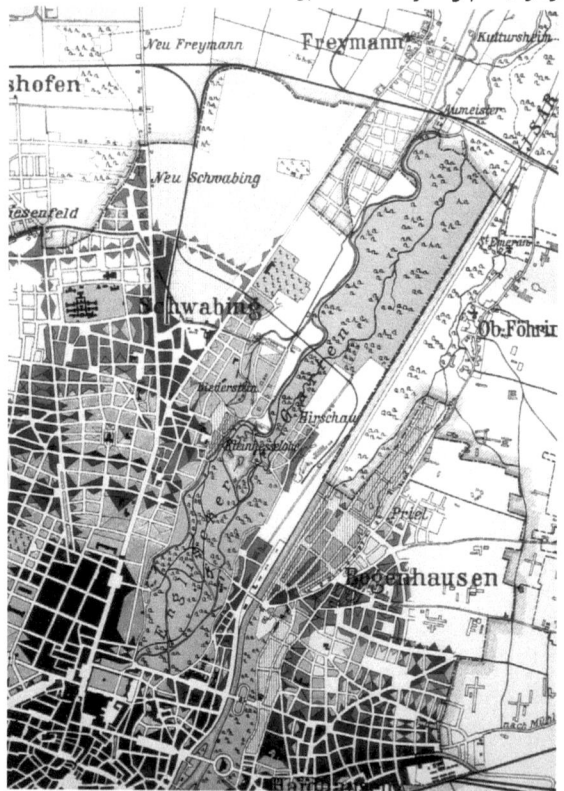

Oberföhringer Fährmannhaus
Herzogpark Erschließungsplan, 1905

Der Kauf des Montgelas'schen Naturgartens in Bogenhausen 1838 durch Herzog Maximilian in Bayern war namensstiftend für den Herzogpark. Ab 1900 entstanden dort für prominente Münchner repräsentative Villen, die durch herausragende Architekten dem Gebiet besondere Gestaltung verliehen. Ihre Bewohner prägten für Jahrzehnte den Ruf des Herzogparks.

Der Herzogpark lag nur zur Hälfte auf Bogenhauser Gemeindeflur, deren Grenze etwa auf Höhe des Mittleren Rings verlief. Die nördliche Hälfte gehörte zu Oberföhring. Diese einer zügigen Bauentwicklung des Herzogparks durch die Stadt München entgegenstehende Situation beschleunigte die Eingemeindung Oberföhrings 1913.

Da der nördliche Herzogpark im Bereich Oberföhring 1913 noch nicht voll erschlossen war, ermöglichte der preiswertere Baugrund auch der Mittelschicht, dort Wohnhäuser zu errichten. Erst nach dem Zweiten Weltkrieg wurden nahezu alle Flächen bebaut.

Im Grüntal, das nördlich an den Herzogpark angrenzt, baute die Gemeinde Oberföhring 1904 ein Haus für die Fährmannsfamilie, die die Drahtseilfähre bis 1920 betrieb.

Das Haus wurde in den 1960er-Jahren abgerissen.

Neue Straßen

Parallel zum Aufstieg Münchens seit dem Mittelalter verlor die Salzstraße in Ost-West-Richtung über Föhring an Bedeutung. Als Verbindung in Nord-Süd-Richtung verlief entlang des Isarhochufers von Ismaning nach Haidhausen die Vorläuferin der heutigen Oberföhringer Straße.

Von Oberföhring aus führten Ortsverbindungswege in die Nachbardörfer, wie die Bahnhofstraße, heute Johanneskirchner Straße. Die ehemalige Riemer Straße mit Abzweigungen nach Englschalking und Daglfing wurde mit Errichtung der Lohengrin-Kaserne (ab 1938) unterbrochen.

Seit der Eingemeindung 1913 nach München kamen durch den Siedlungsbau planmäßig angelegte Wohnstraßen dazu. Der eigentliche Straßenbauboom setzte auch in Oberföhring in den 1960er-Jahren ein. Als Hauptverkehrsachse durch das Viertel wurde 1964 die Effnerstraße eröffnet.

Zwei Luftbilder aus dem Jahr 1954 und 2000 zeigen den Wandel Oberföhrings in den letzten Jahrzehnten.

Luftbild von Oberföhring aus dem Jahr 1954 (links)

Luftbild von Oberföhring aus dem Jahr 2000

Oberföhring – Stadtteil Münchens

Großbaustelle Hochstiftsweg, ehem. Ziegelei Haid, 2008

Die große Wohnungsnot nach dem Zweiten Weltkrieg führte auch in Oberföhring zu vermehrtem Siedlungsbau und das »Zieglerdorf« Oberföhring begann sein Gesicht zu verändern. Bereits in den 1930er-Jahren wurden Wohnhäuser an der Lohengrinstraße sowie die gleichnamige Kaserne (heute Prinz-Eugen-Kaserne) errichtet. 1940 baute die Luftwaffe ein Lazarett (Oberföhringer Straße 156), das nach dem Krieg als städtisches Krankenhaus genutzt wurde und seit 1984 als »Bürgerpark Oberföhring« verschiedenen Vereinen ein Domizil bietet.

»Pharaohaus«, Fritz-Meyer-Weg 55, 2008

Ab 1960 wurden die Wohnsiedlungen an der Oberföhringer Straße und der Bernheimer Straße errichtet, 1964 entstand das Viertel um den Fritz-Meyer-Weg. Im Jahr 1974 erhielt Oberföhring das »Pharaohaus« als neues markantes Wahrzeichen.

Oberföhring wuchs von 1096 Einwohnern im Jahr 1913 auf derzeit über 10 000 an. Mancher Bauernhof wurde zur Luxusresidenz. Der Wohnungsbau verschont auch die Reste der letzten Ziegeleien nicht. In jüngster Vergangenheit entstanden die Bauten an der Cosimastraße. Nach Abzug der Bundeswehr aus der Prinz-Eugen-Kaserne werden hier nach neuesten Planungen der Stadt München 1900 Wohnungen, eine Grundschule, ein Kindergarten, eine Krippe sowie ein Tagesheim entstehen.

Kirche St. Thomas, Cosimastraße 204, 2008

»Mutter« Oberföhring – »Tochter« Unterföhring

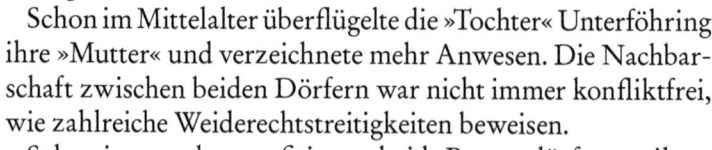

Premiere

Föhring wurde über 400 Jahre mit Oberföhring gleichgesetzt; erst 1180 erfolgte die Erwähnung Unterföhrings als eigener Ort.

Schon im Mittelalter überflügelte die »Tochter« Unterföhring ihre »Mutter« und verzeichnete mehr Anwesen. Die Nachbarschaft zwischen beiden Dörfern war nicht immer konfliktfrei, wie zahlreiche Weiderechtstreitigkeiten beweisen.

Sat 1

Schon immer aber profitierten beide Bauerndörfer von ihrer Lage auf dem fruchtbaren Lösslehmrücken. Denn wer sein Ackerland »auf'm Loam« hatte, gehörte zu den »Schmalzbauern«, im Gegensatz zu den Schwabinger und Freimanner »Steinbeißern«, die sich mit Schotterfeldern begnügen mussten. Der Lehm verschaffte dann um 1900 beiden »Föhrings« durch die Ziegelproduktion einen enormen wirtschaftlichen Aufschwung.

Unterföhring, dem es gelang, die 1971 vorgeschlagene Eingemeindung nach München zu verhindern, entwickelte sich zu einem bedeutenden Medienstandort. Zahlreiche Unternehmensansiedlungen machten Unterföhring zu einer der reichsten Gemeinden Deutschlands, die sich 2005 sogar den Bau des S-Bahn-Tunnels weitgehend eigenfinanzieren konnte.

Allianz

SwissRe

Reißende Isar

Die Isar ist mit 295 Kilometern der längste Fluss Südbayerns mit einem großen Gefälle. Schon die Römer fügten dem keltischen Flussnamen »Isara«, dem wilden Charakter des Gebirgsflusses entsprechend, das Adjektiv »rapidus« hinzu – die reißende Isar. Später hieß sie »Isura«, »Isargus«, »Iser« oder »Yser«. Der Name lässt sich auf die indogermanische Wurzel »isa« (wie »fließendes Wasser«) zurückführen.

Die Isar gestaltete durch ihre Dynamik ihren Lauf immer neu. Besonders während eines Hochwassers wurde der Fluss unberechenbar, riss Tiere und Menschen in den Tod und zerstörte die an ihm gelegenen Brücken oder Mühlen.

Die Angst vor den jährlichen Hochwassern gab den Ausschlag für die Isarregulierung. Anfang des 19. Jahrhunderts erhielt der Fluss zwischen Bogenhausen und Unterföhring ein schnurgerades und auf etwa die Hälfte der bisherigen Breite eingeengtes Bett. Durch diese Einengung grub sich die Isar bis in den wasserundurchlässigen Flinz ein und verursachte ein starkes Absinken des Grundwassers. Die Auenlandschaft trocknete aus und ermöglichte die spätere Bebauung des Herzogparks.

Die Situation vor der Isarregulierung veranschaulicht das Ausstellungsmodell der Isarlandschaft bei Oberföhring nach einem Plan aus dem Jahr 1809.

Gesamtansicht von München, Georg Hufnagel, 1586

Die Isar als Verkehrsweg und Grenze

Flüsse wurden früh als Verkehrswege genutzt, wie die Überführung des Leichnams des heiligen Emmeram von Föhring nach Regensburg im 7. Jahrhundert zeigt. Seit dem 12. Jahrhundert gewann die Flößerei auf der Isar an Bedeutung. Nicht zuletzt wegen der großen Baulust der bayerischen Herzöge stieg der Transport von Holz auf Flößen vom Oberland nach München an. Im 15. Jahrhundert waren es etwa 3000 Flöße pro Jahr. Von Föhring aus transportierten Flöße Güter und Personen auch flussabwärts weiter. Ab Mitte des 17. Jahrhunderts fuhr zweimal wöchentlich die »Ordinari-Linie« an Oberföhring vorbei nach Wien – die Fahrgäste waren etwa 100 Stunden unterwegs.

Fährmannshaus mit Fähre, Zeichnung von Karin Bernst, 2001

Fast 500 Jahre bildete die Isar die Landesgrenze zwischen dem kurfürstlichen bzw. herzoglichen Bayern und dem Fürstbistum Freising. Ebenso lange währte der Streit um die Flussgrenze, der mehrmals vor Gericht geklärt werden musste. Nach Hochwassern bahnte sich der Hauptstrom der Isar oft ein neues Bett und riss in manchen Jahren auch Teile des Oberföhringer Hochufers mit. Durch technische Einbauten versuchten Anrainer dies zu korrigieren.

Plan über den Lauf der Isar vom Münchner Burgfrieden bis Garching von Adrian von Riedl, 1781

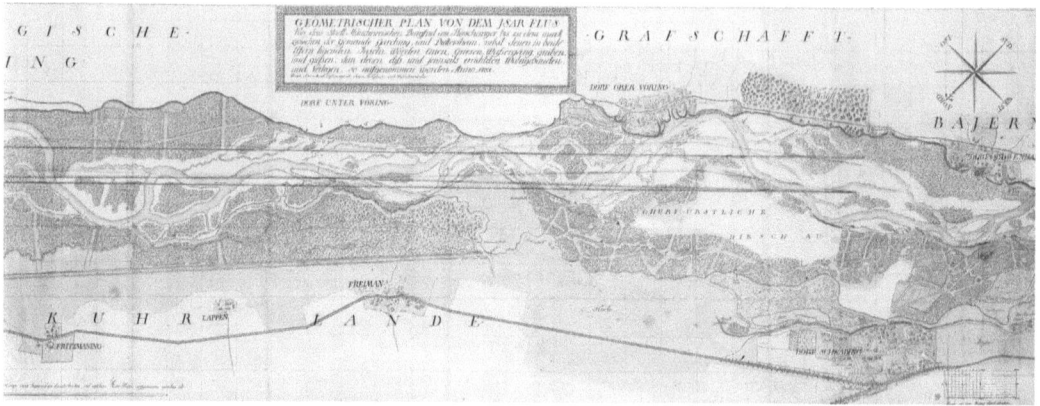

Jahrhundertelang konnten die Oberföhringer nur mit Fähren auf die Schwabinger Seite gelangen. Von 1903 bis 1920 verkehrte regelmäßig eine Stahlseilfähre auf Höhe des heutigen Oberföhringer Stauwehrs. In einem inzwischen leider abgerissenen Fährmannshaus direkt an der Isar wohnte die Fährmannsfamilie Blumthaler. Thomas Mann, der mit seiner Familie erst in der Mauerkircher-, später in der Poschingerstraße im Herzogpark wohnte, hat sie auf seinen Spaziergängen im Herzogpark oft besucht und ihnen in seiner Erzählung »Herr und Hund« ein literarisches Denkmal gesetzt.

Darstellung eines Floßunglücks, Votivbild in der Filialkirche Rudlfing, 1801

Mittlerer Isarkanal

Schon vor dem Ersten Weltkrieg gab es Pläne, das Gefälle der Isar zwischen München und Moosburg durch einen Kanal für die Stromerzeugung nutzbar zu machen. Die 1918 deswegen gegründete »Mittlere Isar AG« baute die Kanalanlagen in den Jahren 1921 bis 1929. Zunächst entstanden das Stauwehr und der Kanal bis Berglern, mit den Kraftwerken Finsing, Aufkirchen und Eitting. Der Speichersee dient zur gleichmäßigen Wasserversorgung.

Der Bau war eine für die damalige Zeit wichtige Arbeitsbeschaffungsmaßnahme. Rund 8100 Arbeiter waren im Jahr 1923 beschäftigt. Am 54 Kilometer langen Kanal von Oberföhring bis Moosburg befinden sich fünf Kraftwerke. Seine Breite schwankt zwischen 23 und 34 Meter. 1925 konnte der erste elektrische Strom eingespeist werden.

Das Stauwehr Oberföhring leitet das Isarwasser in den Kanal. Es ist kein Kraftwerk, sondern eine Flussweiche, die aus der Isar eine Art Stausee macht. Die grünen Fluten werden hier etwa sechs Meter aufgestaut. Der Kanal erhält so immer die gleiche Menge Wasser.

Isarkanal bei Oberföhring, 2008

Oberföhringer Stauwehr, 2008

Sanierung des
Mittleren Isarkanals,
1997

Isarbrücken

Drei Brücken Unterföhring

Herzog Heinrich Brücke

Leinthaler Brücke

Die Brückengeschichte in Föhring beginnt im 12. Jahrhundert mit der Errichtung einer Holzbrücke über die Isar. Die Forschung nimmt an, dass es sich dabei – ebenso wie bei der Brücke vor »Munichen« – um eine Pfahljochbrücke gehandelt hat. Archäologische Funde dazu gibt es nicht. In Emmering, Kreis Fürstenfeldbruck, führt noch heute eine Brücke dieser Art über die Amper.

Im Raum Oberföhring gibt es heute vier Isarbrücken und ein Stauwehr; näheres siehe Seite 116ff.

St.-Emmeramssteg, 2002 durch Brandstiftung zerstört (Abb. oben rechts)

Neue St.-Emmerams-Brücke, 2005 eingeweiht (abb. unten rechts)

Modelle und Vitrinenexponate

Modelle
Modell der Isarlandschaft bei Oberföhring, nach einem Plan aus dem Jahre 1809, Josef Krause, Maßstab 1:1000.

Modell einer Pfahljochbrücke über die Isar bei Oberföhring, Josef Krause, Maßstab 1:40.

Vitrinen

1. KELTISCHE MÜNZEN
3./2. Jh. v. Chr. (Kopien)

2. KELTISCHE POTINMÜNZEN
Die Münzen zirkulierten in der Zeit 50 – 15 v. Chr., bis zur Ablösung durch römisches Kleingeld.

3. RÖMISCHE MÜNZE
mit Abbildung eines Apsis-Stiers aus der Zeit Julianus II (331 – 336)

4. RÖMISCHER APSIS-STIER
Bronze
Fundort: Obertraubling, 1. Jh. n. Chr.

5. RÖMISCHE GEWANDFIBEL
mit typischen »Zwiebelknöpfen«
Fundort: »villa rustica« in Denning, bei Ausgrabungen 1928

6. RÖMISCHE TERRA SIGILLATA
Tafelgeschirr, Ende 1. Jh. n. Chr.
Prähistorische Staatssammlung München

7. RÖMISCHER ZIEGELSTEIN
mit der Aufschrift LEG XIIII GAMIN
Fundort: Deutsch-Altenburg, Niederösterreich, um 250 n. Chr.

8. RÖMISCHE GLASFLÄSCHCHEN
zur Aufbewahrung von kostbaren Ölen und Essenzen, 1./3. Jh. n. Chr.

9. RÖMISCHE ÖLLAMPEN AUS TON
2. – 4. Jh. n. Chr. (Kopien)

10. RÖMISCHE VASE
Prähistorische Staatssammlung München

11. RÖMISCHE MÜNZEN
sogenannter »Steufund« – Fundort: »villa rustica« in Denning,
1. Jh. n. Chr. – erste Häfte 5. Jh. n. Chr.

12. RÖMISCHE VASE
Prähistorische Staatssammlung München

13. RÖMISCHER »KULTURSCHROTT«
Terra-Sigillata-Scherben, Schrauben von Wagenrädern, Gewandfibeln, Münzen und Ringe
Fundort: »villa rustica« in Denning, bei Ausgrabungen 1928

14. GRABBEIGABEN AUS BAJUWARISCHEN FRAUENGRAB
Fundort: Siedlung an der Stegmühlstraße, Johanneskirchen, um 7. Jh. n. Chr.
Prähistorische Staatssammlung München

15. Goldblattkreuz
Fundort: Spötting, 7. Jh. n. Chr.
Prähistorische Staatssammlung München
(Kopie)

16. tönere Webgewichte
Fundort: Grubenhäuser, der bajuwarischen Siedlung an der Stegmühlstraße, Johanneskirchen, um 700 n. Chr.

17. bajuwarisches Schwert
(Kopie, Leihgabe »Unterföhringer Sach«)
Fundort: Siedlung an der Stegmühlstraße, Johanneskirchen, um 700 n. Chr.

18. Wachssiegel Heinrichs II.
(973/78–1024)

19. Münzen des Hochstifts Freising
geprägt um 1156/58 in der Münzstätte zu Föhring

20. Goldsiegel Kaiser Ludwigs IV. der Bayer (1281/82–1347)

21. Salz in kristalliner Form
Bad Reichenhall, Berchtesgadener Land

22. »Ansicht der Salzstadel«
Aquarell von Jakob, Mitte 19. Jh., Münchner Stadtmuseum
Abbildung des ehemaligen öffentlichen Salzstadel am heutigen Ostbahnhof

Römische Spuren an der Straße nach Föhring

Im Auftrag des römischen Kaisers Augustus wurde 15 v. Chr. die Provinz Raetien geschaffen. Aus dem ersten Legionsstandort entwickelte sich die Provinzhauptstadt *Augusta Vindelicum*, das heutige Augsburg. Die Stadt war durch die berühmte *Via Claudia* über die Alpen hinweg mit Rom verbunden. Den Münchner Raum durchquerten zwei bedeutende Römerstraßen.

Die südliche Straße, von Salzburg kommend, wurde bei Grünwald an der Römerschanze über die Isar geführt. Gauting an der Würm war damals ein wichtiger Ort an dieser Straße nach Augsburg. Die nördliche Verbindung von Wels/Oberösterreich aus kreuzte die Isar bei Oberföhring.

Auch hier war, wie bei Grünwald, eine römische Straßenstation, die den Flussübergang sicherte. »Beneficiarii«, von anderen militärischen Aufgaben freigestellte Unteroffiziere, versahen hier Dienst. Sie waren Straßen- und Brückenbauer, Polizisten und Steuereinnehmer in einer Person. Ihre Amtssymbole waren eine Standarte und der eigenwillig geformte »Beneficiarispieß«.

Neben den großen Fernstraßen gab es zahlreiche Verbindungswege und Parallelstraßen neben den Flüssen. Die Flüsse selbst nutzten die Römer als schiffbare Verkehrswege. Im Zuge der Romanisierung wurden die hier lebenden Kelten in das römische Wirtschaftssystem integriert. Neben bestehenden keltischen Gehöften entstanden römische Militärgutshöfe, wie im heutigen Münchner Stadtteil Denning.

Zahlreiche Bodenfunde erlauben uns den Bestand dieses weilerartigen Gehöfts von der Mitte des 1. Jahrhunderts bis hin in die Zeit nach Theodosius I. (379–395) festzulegen. Gefunden wurden neben den üblichen Gebrauchsgegenständen wie Messer, Keramikscherben, Hausschlüssel, Gürtelschnallen etc., eine römische Gewandfibel aus der ersten Hälfte des 1. Jahrhunderts sowie 19 verstreut liegende römische Münzen. Die Anfangsmünze ist ein Sesterz des Domitian (Kaiser von 81 bis 96), die Schlussmünze eine Kleinstbronzemünze Theodosius I. Münzen sind nicht nur wichtig für die Datierung der Grabungsbefunde, sie stellen mit der bildhaften Gestaltung, speziell der Rückseite und deren Umschrift, Legende genannt, eine Art antiker »Bild«-Zeitung dar. Auf ihnen wurden nicht nur Siege über die Germanen (»VICTORIA GERM«) und andere Völker wie (»SARMATICA CAPTA«) gefeiert, sondern auch soziale Leistungen wie Brotverteilungen (»ANNONA AVG«), die Güte (»INDVLGENTIA AVG«) des Kaisers wurde ebenso gepriesen wie seine Frömmigkeit (»PIETAS AVG«).

Grundriss (oben) und Rekonstruktionsskizze (Josef Krause) der »villa rustica«

Doch der wichtigste Fund war, neben unzähligen, kaum zuordenbarer Pfostenlöcher und fünf Steinfundamenten von kleineren Gebäuden, das Fundament einer römischen Therme. Mit neun mal neun Metern Grundfläche und drei Apsiden war es ein beachtliches Gebäude unter den Badehäusern unserer Gegend.

Ausgestattet war es mit zwei großen Wasserkesseln, die über das *Präfurnium* (Heizkammer) geheizt wurden und die Warmwasserversorgung darstellten. Das Wasser selbst wurde aus einer Zisterne neben dem Badehaus geholt. Mit einer Fußbodenheizung und Warmluftröhren (Hypocausten) sorgte man für eine wohlige Wärme im ganzen Badegebäude. Entsprechend der römischen Kultur gab es Warm- und Kaltwasserbecken, die im Bereich der Apsiden im Boden eingelassen waren. Die Fenster waren verglast, die Wände verputzt – für die Gegend und für die damalige Zeit Luxus pur. Hier fand das gesellschaftliche Leben des römischen Dennings statt. Das Badegebäude ist nach den Grabungsbefunden mindestens einmal abgebrannt.

Durch die Einführung moderner bäuerlicher Geräte gestalteten die Römer auch die heimische Landwirtschaft effizienter, zum Beispiel durch eine Art frühe »Mähmaschine«, welche von einem Maultier geschoben wurde.

Eine weitere kleine römische Siedlung befand sich direkt an der Römerstraße, der heutigen Stegmühlstraße, westlich der S-Bahn-Unterführung.

Nachdem im Jahr 401 der Gardepräfekt Stilicho, ein Germane in römischen Diensten, alle Legionseinheiten (Eliteverbände) nach Italien beorderte, standen nur noch Auxillartruppen (Hilfstruppen) in den Provinzen zur Grenzsicherung. Im Jahr 475 gab der Gardepräfekt Odoaker, ebenfalls ein Germane, die Provinz Raetien endgültig auf.

Zurück blieben neben der kelto-romanischen Bevölkerung die germanischen Söldnerverbände mit ihren Familien, die ehedem unter dem Oberbefehl der Römer standen. Sie wurden die neuen Herrn in Raetien oder besser in Bayern.

Ihre erste Hauptstadt wurde das einstige Legionskastell *Castra Regina*, das Castell gegenüber dem Regenfluss, unser heutiges Regensburg.

Josef Krause

Die Urpfarrei Föhring und ihre Kirchen

Föhring wird in den Traditionen des Hochstifts Freising im Jahr 807 erstmals als Ort genannt. Acht Jahre später erfolgte die Erstbeurkundung einer Kirche der Urpfarrei Föhring. Mit dieser ersten Kirche war höchstwahrscheinlich St. Johann Baptist in Johanneskirchen gemeint. Zum Gebiet der Urpfarrei Föhring gehörten die Kirche in Oberföhring mit der Kapelle in St. Emmeram und die Filialen in Unterföhring, Daglfing, Englschalking und Johanneskirchen.

Das Matrikel des Bistums Freising aus dem Jahre 1315 gibt folgende Übersicht:

»*Unter dem 1. Erzdiakonat des Huntspergerius sind zwei Dekanate, Ismaningen & Wolfratshausen.*

Ismaningen ist Pfarrkirche, hat selbstverständlich eine Filiale ohne Bestattung, nämlich Aerchingen.

Pugenhausen hat acht Filialen mit Bestattungen: Giesingen, Harthausen, Haithausen, die Kirche des hl. Nikolaus zu den Leprakranken, Truhtheringen, Riemen, Gransdorf & Harde.

Die Kirche in Vergen hat drei Filialen mit Bestattungen, nämlich Niedervergen, Janschirchen & Tagoluingen. Ebenso ohne Bestattung Engelschalchingen & Chünntal.

Aschheim, eine Pfarrkirche für sich.

Münstern, eine Kapelle für sich ohne Bestattung, die der Abt von St. Emmeram aus Regensburg zu übertragen pflegte.

Chirchheim hat die Filiale Veltkirchen mit Bestattung.

Ottentichel, dessen Einkünfte alle der Rektor empfängt, hat fünf Filialen mit Bestattung: Weizzenveld, Vatersteten, Dornach, Putzprunn & Salemdorf.

Perlach hat Ravmoltstorf als Filiale mit Bestattung.

Pavmchirchen besitzen die Kanoniker des hl. Vitus. Pachem ist davon die Filiale.

Piburch hat die Filiale Hadlachingen mit Bestattung.

Saurloch hat die Filiale Waitzenhart mit Bestattung.

Hächingen hat sechs Filialen: Nidernhaechingen, Taufkirchen, Argat, Laufzoren, Puohloch. Grünenwald mit Bestattung. Ebenso Anzenhart und Stochach ohne Bestattung.«

Eine Grafik veranschaulicht die Pfarreien zur Zeit der Stadtgründung Münchens im Jahre 1158. Die gestrichelte Linie gibt die Stadtgrenze von 1935 wieder. Die Pfarreien links der Isar gehörten zum Dekanat Feldmoching, die Pfarreien rechts der Isar bildeten das Dekanat Ismaning.

Im Laufe der Jahrhunderte wurden die Pfarreien neu organisiert. Laut der statistischen

Beschreibung des Erzbistums München-Freising aus dem Jahre 1880 setzte sich das Dekanat Oberföhring aus 13 Pfarreien zusammen. Dazu gehörte die Pfarrei Baumkirchen mit der Nebenkirche Maria Loretto, die Pfarrei Bogenhausen mit der Kapelle in Denning und die Pfarrei Oberföhring mit ihren vier Filialkirchen und der St. Emmeramskapelle.

Am 1. Mai 1923 wurde der Filialbezirk Unterföhring vom Pfarrbezirk Oberföhring abgetrennt und zu einer eigenen Pfarrei erhoben. Am 1. März 1930 bildete das Erzbischöfliche Ordinariat aus Teilen der Pfarreien Oberföhring und Bogenhausen einen neuen Seelsorgebezirk, die Kuratie Englschalking-Denning. Durch die stete Zunahme der Bevölkerung im Münchner Nordosten wurde im Jahre 1953 die Errichtung der Seelsorgestelle St. Klara in Zamdorf beschlossen.

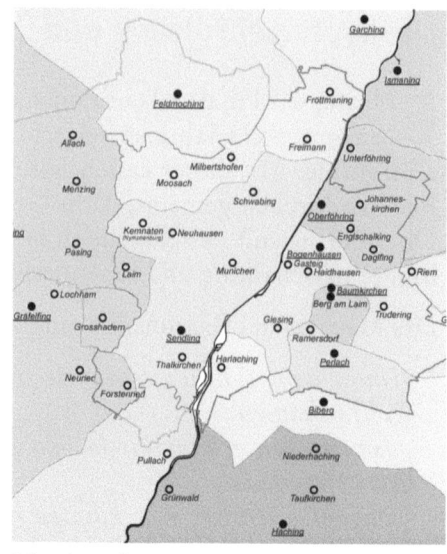

Pfarreien 1158

Eine weitere Verkleinerung des Pfarrsprengels von St. Emmeram in Englschalking und St. Lorenz in Oberföhring erfolgte im Jahre 1968 mit der Errichtung der Seelsorgestelle St. Thomas in Johanneskirchen.

St. Lorenz in Oberföhring

Der Name der Oberföhringer Kirche St. Lorenz könnte mit dem Bau einer ersten Kirche in Verbindung mit der Ungarnschlacht auf dem Lechfeld im Jahre 955 zusammenhängen. König Otto (Kaiser Otto I., auch Otto der Große, gekrönt 962) gelobte vor dem Kampf gegen die Ungarn auf dem Lechfeld, dem Tagesheiligen bei einem Sieg das Bistum Merseburg zu stiften. Er gewann die Schlacht am Laurentiustag (10. August) und erfüllte sein Gelübde. Nicht nur den Dom in Merseburg, sondern viele weitere Kirchen weihte man zu der Zeit dem heiligen Laurentius. Die Liste der bekannten Pfarrer von Oberföhring beginnt mit Erwicus, genannt im Jahre 1196.

Über die Ungarneinfälle schrieb der Pfarrer Riedl: »*Als die Ungarn von Herzog Arnulf von Bayern den geforderten Tribut verweigerten, fielen diese Ungarn in Bayern ein, rückten hier über die Isar und kamen bis an den Lech. Auf dem Heimweg mit Beute beladen jagte Arnulf ihnen nach und vernichtete sie auf dem Mordfeld bei Ötting am Inn 913.*

Im Jahr 955 kamen diese wilden Scharren nach hunderttausend an Zahl über unsere Gegenden herauf an den Lech, wurden aber am Tage des hl. Laurentius 10. August 955 auf dem Lechfeld von Otto geschlagen. Ihre Spuren werden aus Resten von Sporren,

Säbeln, Hufeisen, die sich im Prielfeld bei Oberföhring finden, noch immer wahrgenommen. Die Straße führte an sich hier über den Fluss.«

Beschreibung des Mönchs Widukind über die Ungarnschlacht im Jahre 955: »*In der Nähe der Stadt Augsburg auf dem Lechfelde schlug König Otto I. ein Lager auf. Hier traf der Heerbann der Franken und der Bayern bei ihm ein. (...) Mit der ersten Dämmerung des anderen Tages rüsteten sich die Krieger, gelobten einander Frieden, und nachdem sie erst ihrem Führer und dann sich untereinander Beistand zugeschworen, erhoben sie die Fahnen und zogen aus dem Lager, acht Züge an der Zahl. Über unebenen, beschwerlichen Boden rückte das Heer vor, wo die Feinde nicht Gelegenheit hatten,*

St. Lorenz

es durch eine Wolke von Geschossen in Verwirrung zu bringen, deren sie sich trefflich zu bedienen wissen, denn Buschwerk deckte hier den Vormarsch. Den ersten, zweiten und dritten Zug bildeten die Bayern, welche die Befehlshaber Herzog Heinrichs führten.«

Zur mittelalterlichen Kirche in Oberföhring gibt es keine nähere Beschreibung, ebenso wenig wie zur späteren gotischen Kirche, die 1678 abgerissenen wurde. Der Wiederaufbau in den Formen des Frühbarocks erfolgte in den Jahren 1678 bis 1680 unter Führung des Baumeisters Wolfgang Zwerger. Weihbischof Johann Caspar Künner weihte am 13. September 1680 die beiden Seitenaltäre und am 15. September 1680 den Hochaltar. Der heutige Kirchturm stammt aus den Jahren 1892/93.

St. Philippus und Jakobus in Daglfing

St. Philippus und Jakobus

Im Jahre 1724 konnte die Daglfinger Kirche mit finanzieller Hilfe aller Schwesterfilialen unter Leitung des Freisinger Hofbaumeister Dominikus Glasl durch einen Neubau ersetzt werden. Die Ausgaben für den Bau betrugen 675 Gulden. Die Innenausstattung bestand aus einem bescheidenen, farbig gefassten Rankenstuck, auch wird man die alten Altäre wieder aufgestellt haben. Bei der Einweihung im Jahre 1725 wurden 124 Personen von Bischof Johann Franz Eckher von Kapfing und Liechteneck gefirmt.

St. Nikolaus in Englschalking

Die Erbauung der Nikolauskirche fällt in die Zeit, als sich der Freisinger Bischof im Jahre 1319 das Gebiet zwischen Priel, Oberföhring, Daglfing und Ismaning erkaufte und zur

St. Nikolaus

»gefreiten Reichsgrafschaft Ismaning« erhob. Die Kirche besitzt keine Grundmauern, sondern steht mit den Ziegelwänden direkt auf dem Lösslehm. Sie wurde im romanisch-frühgotischen Stil erbaut und ist dem heiligen Nikolaus, dem Schutzpatron der Reisenden, geweiht. Die Innenausstattung wurde um 1659 im Barockstil erneuert, es wurden neue, größere Fenster ausgebrochen. Der Altar, entstanden in dieser Zeit, gehört zu den ältesten Altaranlagen des Münchner Gebietes, nur das Hauptgemälde, eine Darstellung des heiligen Nikolaus, stammt von 1869. Seitlich davon stehen die Figuren von St. Korbinian mit dem Bären (erster Bischof von Freising) und St. Wolfgang, der ein Kirchenmodell trägt, es könnte auch St. Benno, der Schutzpatron von München, sein.

St. Johann Baptist in Johanneskirchen

Die heutige Chorturmkirche, ein gedrungener romanischer Bau, der auch als Wehranlage diente, stammt aus dem 13. Jahrhundert. Der wuchtige Satteldachturm weist im Erdgeschoss eine Mauerstärke von 1,80 Meter auf. Der ovale Mauerring war ursprünglich etwa doppelt so hoch und wohl mit einem hölzernen Wehrgang versehen. Der Lehmhügel, auf dem die Kirche liegt, kommt heute durch die Straßenaufschüttungen kaum mehr zur Geltung. Früher aber ragte der quadratische Kirchturm über die niedrigen Hütten und die weite gerodete Schotterebene hinaus und stand in Sichtverbindung mit den Kirchtürmen von Oberföhring, Aschheim und Englschalking. Wahrscheinlich war der Kirchenhügel noch von einem Wassergraben umgeben, der vom nahen Gleißenbach abgeleitet wurde.

St. Johann Baptist

Karin Bernst

Mythos und Wahrheit von St. Emmeram

Der heilige Emmeram gehört mit Rupert von Salzburg und Korbinian von Freising zu den großen Missions- und Wanderbischöfen des 7. und frühen 8. Jahrhunderts im frühmittelalterlichen Bayern. Emmeram, zuvor Bischof von Poitiers (Südfrankreich), wirkte Mitte des 7. Jahrhunderts am bayerischen Herzogshof in Regensburg, wo der agilolfingische Herzog Theodo I. regierte. Er widmete sich der Stärkung des Christentums und der Kirche im fränkischen Sinn. Als er zu einer Reise aufbrach, wurde er in Kleinhelfendorf bei München grausam ermordet.

Emmerams Lebensbeschreibung um 770 durch Arbeo, Bischof von Freising (ca. 723–784), ist eine der ersten schriftlichen Zeugnisse, die in Bayern entstanden. Die Geschichte seines Martertodes führte bald zur Heiligsprechung und zur Legendenbildung.

Die Legende

Die Altstraße von Aschheim nach Föhring spielte im Jahr 652 bei der Überführung des Leichnams des heiligen Emmeram vermutlich eine Rolle, wie die nachstehende Erzählung aus Benedikt Hirschbolds »Münchner Heimatbuch«, einem Heimatkundebuch für Schulen, aus dem Jahr 1949 wiedergibt.

»Der Heilige Emmeram verweilte auf seiner Reise vom Frankenland nach Rom drei Jahre am Hofe des Baiernfürsten Theodo zu Regensburg. Er predigte bei den Heiden und bekehrte viele zum Christentum. Der Herzog wollte ihn noch lange nicht ziehen lassen, jedoch den Gottesmann ergriff eine große Sehnsucht nach den Gräbern der Apostel. Also pilgerte er friedlich seines Weges.

Böse Zungen bezichtigten den frommen Mann einer schlimmen Tat. Aufgehetzte Reiter sprengten ihm eilig nach. Unweit Helfendorf holten sie den Glaubensboten ein. Er beteuerte seine Unschuld. Seine Widersacher rissen ihn vom Pferde, schlugen mit den Schwertern zu und ließen den Verstümmelten in seinem Blute liegen.

Bestürzt kamen etliche Landleute aus den Feldern herbei, als die Männer davongestürmt waren. Sogleich befahl ihnen der Heilige: »Fahrt mich auf euerem Ochsenkarren weiter! Hier will ich nicht sterben.« Also brachte das holprige Gefährt den Todkranken bis Feldkirchen. Dort gab er seinen Geist auf und die Ochsen blieben stehen.

Die Gläubigen überführten den entseelten Leib nach Aschheim und setzten ihn in der Peterskirche bei. Hier sollte der Glaubensbote begraben werden. War doch Aschheim das älteste Kirchdorf im Umkreis und der Sitz eines herzoglichen Gutes. Aber es regnete vierzehn Tage ununterbrochen. Dies hielt man für ein Zeichen des Himmels, dass hier nicht die rechte Ruhestatt wäre.

Nochmals wurden die Ochsen vor den Karren gespannt und der Leichnam daraufge-

legt. Die göttliche Vorsehung sollte das Gespann selber führen und so ließ man die Tiere ungelenkt des Weges ziehen. Da schritten die Ochsen nach Oberföhring und bis zur Isar.

Als der Baiernherzog von der gräßlichen Tat und dem wunderlichen Zuge gehört hatte, schickte er einen Boten nach Aschheim. Der brachte den Befehl, dass der Tote auf dem Wasser nach Regensburg zu fahren wäre. So geschah es auch. Theodo ließ den heiligen Emmeram in allen Ehren zu Regensburg bestatten. Die Herzogstochter Uta aber, die den Heiligen verleumdet hatte, verbannte der gestrenge Vater vom Hofe. Sie zog sich in ein einsames Schloss nach Trudering zurück und verbrachte ihr Leben mit Beten und guten Werken«

Eremitorium St. Emmeram

Das Todesjahr des heiligen Emmeram ist umstritten. Es liegt wahrscheinlich am Ende des 7. Jahrhunderts n. Chr. Der Emmeramskult beginnt etwa im letzten Drittel des 8. Jahrhunderts. Wann die erste Gedächtniskapelle errichtet wurde, liegt im Dunkeln. Die allgegenwärtige Gefahr von Hochwasser durch die Isar und ständige Reparaturen machten einen Neubau durch die Gebrüder Asam notwendig und durch die finanzielle Hilfe des Münchener Handelsherrn Nockher möglich. Die Einweihung erfolgte am 25. Juni 1742. In den alten Urkunden steht für den Namen Emmeram die Schreibung Haymram oder Haimeran. Auf Landkarten erscheint der Ortsname erstmals auf den »Bairischen Landtafeln« des Philipp Apian. Die heutige Schreibweise »Emmeram« erfolgt erst im »Reiseatlas von Baiern« (1796) durch Adrian von Riedl.

Grab St. Emmeram Aschheim

Das christliche Eremitentum als Vorstufe des Mönchswesens geht auf den heiligen Augustinus zurück, der im 4. Jahrhundert in Nordafrika eremitische Gemeinschaften gründete, die sich bald in Italien, Spanien und Frankreich, später auch in Tirol und Bayern verbreiteten. Es gab vom zuständigen Bischof genehmigte Vereinigungen mit einfachen Mönchsregeln oder Einzeleremiten bei einer Kapelle oder einem Heiligtum, daneben aber auch zahlreiche vagierende Eremiten.

Nach dem Dreißigjährigen Krieg nahm die Wallfahrt nach Oberföhring an Bedeutung zu, und die Wallfahrer mussten versorgt werden. Der Zeitpunkt für die Angliederung des

Wallfahrtskirche und Eremitorium in St. Emmeram, Holzstich von Link, 1863

Eremitoriums an die Kapelle ist nicht überliefert. Die allgemeine Not nach dem Krieg ließ viele ausgediente Soldaten, Heimatlose und Bettler in das Eremitenleben flüchten, wodurch das Ansehen des Standes erheblich sank. So bemühten sich im Bistum Freising einige Fratres gegen die Auflösung von Zucht und Ordnung und gründeten 1686 zur Hebung des »uralten heiligen Eremitenstandes« eine Kongregation. Der Freisinger Kapitularvikar und Notar Stauber bestätigte mit dem 4. November 1686 den »Brüderlich Pakt der Eremiten« und deren Statuten. Neben St. Emmeram in Oberföhring finden wir Klausner in St. Coloman südlich von Ismaning, in Aschheim und Feldkirchen, in Ramersdorf, St. Veit bei Baumkirchen und in Berg am Laim. Da nicht alle Eremiten im Bereich des Hochstiftes Freising hausten, musste auch die Genehmigung der bayerischen Landesregierung eingeholt werden, was sich hinzog. Am 17. November 1695 endlich konnte die erste Kapitelversammlung in der St. Veitskapelle bei Baumkirchen tagen und ihren Altvater wählen – Andre Pez aus Ramersdorf.

Das Leben der Eremiten war hart und karg. Eine Satzung der Eremitischen Kongregation von 1713 legte in 16 Kapiteln die Pflichten der Mitglieder fest, darunter auch den Tageslauf:

> »Morgens vier Uhr aufstehen und Gebet, bis neun Uhr arbeiten in der Klause, dann Sext und None beten, um elf Uhr Mittagsmahl, dann Lesung, von zwei bis vier Uhr wieder arbeiten, dann Beten der Vesper, sechs Uhr Nachtessen mit Lesung, sieben Uhr Beten des Rosenkranzes, ab neun Uhr schlafen.«

Trotz der strengen Regeln war der Zulauf groß und musste ständig begrenzt werden. In den schwierigen wirtschaftlichen Zeiten gewährte das Dasein eines Eremiten ein Dach über dem Kopf und das tägliche Brot und war erträglicher als die Schinderei als Knecht bei einem Bauern. Für den Unterhalt der Eremiten mussten der zuständige Pfarrherr und die umliegenden Bauern aufkommen. Dazu kamen Einnahmen von Stiftungen (zum Beispiel der Familie Nockher) und das Bettelgeld (der Bettelbrief erlaubte das Betteln in München). Die Finanzierung bot häufig Anlass zu Streitigkeiten. Die unklare Zuständigkeit zwischen Pfarrherrn und geistlicher und weltlicher Regierung war Ursache für die lückenhafte Aufsicht über die Klausen. So waren Übertretungen und Auswüchse in der Lebensführung von Eremiten an der Tagesordnung.

Die Eremiten mussten mit Mess- und Kirchdienst dem Pfarrherrn zur Hand gehen und Kranke und Wallfahrer versorgen. Daneben wurde das Schule halten immer wichtiger. Nach Meinung des Oberföhringer Pfarrers Karl Riedl im »Sulzbacher Kalender für katholische Christen« sollen bereits um 1500 Klausner die Kinder der Umgegend unterrichtet haben. Der wegen seiner Lebensweise berüchtigte, aber nicht unbeliebte Frater Franz König erwähnt in einem Bittgesuch an das Freisinger Domkapitel, dass er schon 1659 die Erlaubnis erhalten habe, Schule zu halten. Da die meisten Eremiten nur gering gebildet waren, führte man 1721 in Oberföhring ein Noviziat ein, eine Form von Lehrerbildung. Nach einem Jahr mussten die Novizen eine Art Meisterprüfung ablegen. Der Bedarf an Schuleremiten war groß, doch war die Zahl der Novizen auf zwei beschränkt.

Die Schülerzahl stieg zeitweise auf über 50, der Schulbesuch jedoch war unregelmäßig und fand vorwiegend im Winter statt, weil die Kinder im Sommer Arbeitskräfte für die Bauern waren. Die Unterrichtsinhalte beschränkten sich auf Lesen und Schreiben, vielleicht etwas Rechnen, biblische Geschichten und Kirchengesang.

Die Aufklärung mit ihrem Gedanken einer allgemeinen Volksbildung läutete das Ende der Klausnerschule ein. Rousseaus Erziehungsbuch »Émile«, Pestalozzis Gedanken und Bücher zu Erziehung und Unterrichtung der Kinder (»Wie Gertrud ihre Kinder lehrt«) fanden in ganz Europa Verbreitung und Zustimmung, sodass auch die Regierungen allmählich die Bedeutung einer generellen Volksbildung erkannten Eine Allerhöchste Entschließung aus dem Jahre 1802, nach der »das Institut der Klausner oder Einsiedler schon längst als zwecklos und schädlich anerkannt worden ist«, wurde sicher der von den Eremiten geleisteten Arbeit nicht gerecht. Mit dem Dekret über die »Aufhebung der Eremiten« vom 13. März 1804 war das Aus für die Eremiten gekommen. Inzwischen war die staatliche Schulpflicht eingeführt worden.

Herbert Feldmann

Freisinger Bischöfe und das Münz-, Markt- und Zollrecht

Seit dem Jahre 996 besaßen die Bischöfe von Freising das Münz- Markt- und Zollrecht für ihre Residenzstadt. Bischof Gottschalk (993/994–1005) begleitete in diesem Jahr den jugendlichen Otto III. nach Rom zu seiner Kaiserkrönung. Kaiser Otto III. bewilligte danach laut Urkunde dem Bischof Gottschalk folgende Nutzung: *»dass nämlich mit kaiserlicher Vollmacht im Orte, der Freising heißt, ein täglicher Markt sowie eine Münze nach Regensburger Brauch errichtet und alsbald begonnen werde.«*

Die Echtheit der Urkunde wird in neueren Betrachtungen angezweifelt. So war es früher auch üblich, alte Urkunden neu zu verfassen und diese vom jeweiligen Herrscher bestätigen zu lassen. Karl Meichelbeck legt die Vergebung dieser Regalien in seiner Geschichte der Freisinger Bischöfe in die Zeit von Kaiser Heinrich II. (1002–1024). Bei der Krönung des bayerischen Herzogs Heinrich IV., Sohn vom Herzog Heinrich dem Zänker, zum Kaiser Heinrich II. im Jahre 1002 in Rom war Bischof Gottschalk gegenwärtig. Meichelbeck schreibt: *»Am Krönungstage hat Gottschalk vom Kaiser die besondere Gnade erhalten, nach Belieben Markt in Freising zu halten, den Zoll, der früher kaiserliches Gefäll war, dem Hochstifte zuzuwenden, und Münzen zu prägen.«*

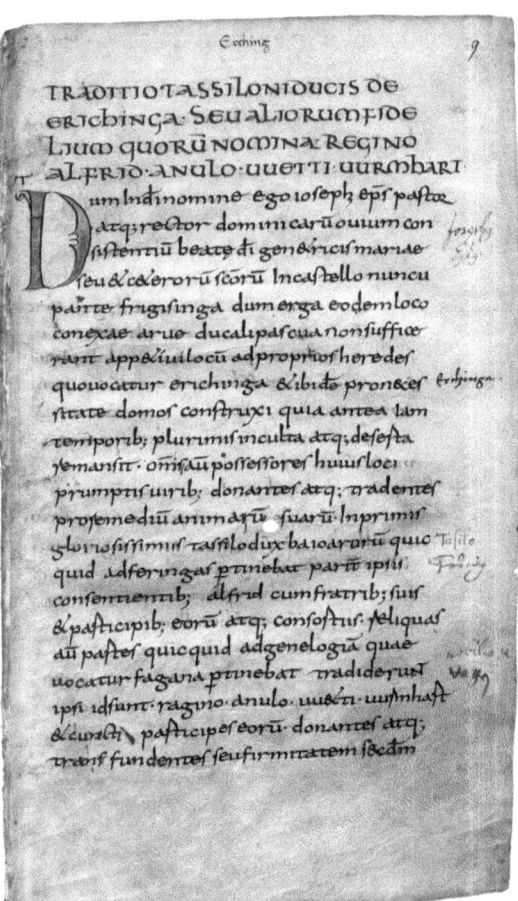

Bestätigt wurde das Münzrecht für die Freisinger Bischofsstadt unter König Konrad II. für den Bischof Egilbert (1005–1039) im Jahre 1029 und von König Heinrich III. für Bischof Nitker im Jahre 1039. Man geht davon aus, dass die Errichtung von Markt und Münze in Föhring im 11. Jahrhundert ohne ausdrückliche Genehmigung des Kaisers vonstatten ging, das heißt, das Hochstift Freising besaß in Föhring zwar die Grundherrschaft und den Flussübergang, jedoch kein vom deutschen König verliehenes Markt- und Zollprivileg. Der Zoll des beträchtlichen Salzhandels von Reichenhall nach Augsburg und Oberschwaben ließ den Ort Föhring aufleben. Je größer die Zahl der durchfahrenden Salzfuhrwerke wurde und je mehr sich die Umsätze auf dem Markt erhöhten, umso besser florierte auch das Geschäft in der Münze. Gewechselt wurden hauptsächlich Augsburger und Regensburger Pfennige. Ab dem Jahre 1138 kann für die Münze in Föhring ein Münzmeister urkundlich nachgewiesen werden. Die Bezeichnung »monetarius de Veringen« blieb den freisingischen Münzmeistern auch nach dem Untergang der Föhringer Münze als Amtsbezeichnung einige Zeit erhalten.

In der Urkunde vom 3. Mai 1140, ausgestellt für den Freisinger Bischof Otto I. von seinem Halbbruder König Konrad III., wird dem Bischof das alleinige Münzrecht in seinem Bistumssprengel zuerkannt. Außer ihm durfte niemand eine Münze betreiben, und jeder neue Markt war damit untersagt. Dieses Königsdiplom kann man als eine nachträgliche Anerkennung des Oberföhringer Marktes deuten.

Karin Bernst

Das München Heinrichs des Löwen

Im Jahre 1156 wird Heinrich der Löwe Herzog von Bayern. In der neueren Literatur wird die Verlegung der Salzstraße von Föhring nach München dadurch begründet, dass Heinrich der Löwe seinen Besitz bei Landsberg am Lech verkehrstechnisch besser erschließen wollte. Hierbei bediente er sich wohl schon der existierenden Überquerungen – den Furten durch die Isar im Münchner Raum und den bestehenden Straßenzügen in Ost-West-Richtung. Hat Heinrich der Löwe eine Ansiedlung, die sich schon auf dem heutigen Münchner Gebiet befand, mit Toren, Mauern und Gräben versehen, um dann die Salzstraße dorthin zu verlegen?

Max Fastlinger schreibt 1903 in der Zeitschrift »Beiträge zur Geschichte, Topographie und Statistik des Erzbistums München und Freising« über die kirchlichen Anfänge Münchens: »*Herzog Heinrich der Löwe konnte nicht eher an die Zerstörung der Föhringer Brücke gehen, als bis er die Verkehrsverhältnisse für die Münchner Brücke und diese selbst besorgt hatte. Er mußte Zufuhrstraßen, Zoll- und Münzstätte erbaut haben, um den bei Föhring zu unterbrechenden Verkehr rasch über München zu leiten. Denn auch bei Pullach befand sich eine Brücke, welche Bischof Nitker von Freising ca. 1040 dem Kloster Schäftlarn geschenkt hatte. Der Platz für die neue Münchner Brücke war nicht willkürlich ausgewählt.*«

Fastlinger kommt in seinem Artikel zu folgendem Ergebnis: »*Aus all' dem schließen wir, daß die ursprüngliche villa Munichen den Mönchen des Klosters Tegernsee den Namen verdankt und daß Münchens Entstehungszeit zum mindesten mit der Restaurationsperiode dieses Klosters (10.–11. Jahrhundert) zusammenfällt. Unter Tegernsees Förderung hatte sich die villa Munichen bis Mitte des 12. Jahrhunderts zu einem verkehrsreichen (marktberechtigten?) Dorf entwickelt. (...) In engster Verbindung mit dem aufstrebenden kirchenbegabten Dorfe München hatte Heinrich der Löwe (vor 1158) eine Isarbrücke und Stadt erbaut und dadurch den Grund zur heutigen Größe Münchens gelegt.*«

Otto Zierer erzählt anlässlich des 800. Stadtjubiläums 1958 in seinem Buch »Die Abenteuer der vielgeliebten Stadt München« vom glanzvollen Werdegang der Stadt: »*Der Herzog macht eine unwirsche Handbewegung. ›Ich hab nach dem Hof da drüben und den kleinen Häusern am anderen Ufer gefragt, Kaplan!‹*

›Ach das?!‹, fährt der Priester gedehnt fort und seine Stimme bekommt einen verächtlichen Ton, ›das ist der so genannte Konradshof. Der gehört zum Kloster Schäftlarn. In den Hütten hausen einige Mönche, deshalb wird der Platz auch zu den Munichen genannt. Man sagt, die Klause sei gegründet worden, als vor etwa zweihundert Jahren die wilden Ungarnreiter das Land überschwemmt hatten. Mönche von Tegernsee flohen in die Isarwälder und errichteten die winzige hölzerne Kapelle drüben auf der Anhöhe und weihten

sie Sankt Peter, weshalb der Buckel auch Petersbergl heißt. Später ist der Klosterhof dazugekommen. Fischer und ein paar Hintersassen haben sich angesiedelt. Das ist alles.‹
›Ein guter Platz‹, brummt der Löwe, ›aber mir scheint, es fehlt ihm der rechte Auftrieb.‹«

Über die Entstehungsgeschichte Münchens schreibt Pius Dirr: »*Heinrich der Löwe förderte die Entstehung stadtbürgerlicher Gemeinschaften und bereitete ihnen durch das Zugeständnis von Sonderrechten die Möglichkeit, sich zu entfalten. Im Städtewesen sah er ein hauptsächliches Mittel zur Stärkung seiner fürstlichen Macht.*
Im Gegensatz zu Föhring zeigt München schon in seinen Anfängen unverkennbare Merkmale städtischen Wesens. Auf freier Flur entsteht eine sorgfältig ausgemessene bauliche Anlage, mit Straßenkreuzung am Marienplatz und mit Umwehrung, zugeschnitten auf das Bedürfnis eines bürgerlichen Wohn- und Marktortes, ausgerichtet auf die Salzstraße und die Isarbrücke. Den Grundriß dieses ursprünglichen Stadtkerns und die eiförmige Linie seines viertorigen Befestigungsringes erkennen wir noch heute deutlich im Gefüge und in den Straßenzügen der Altstadt.«

Beim fünften Italienzug im Jahr 1176 versagt Heinrich der Löwe Kaiser Friedrich Barbarossa seine Unterstützung. Darauf wird ein Verfahren gegen ihn eingeleitet, das zu seinem Sturz führt. Auf dem Reichstag 1181 in Erfurt beugt er sein Knie vor dem Kaiser Friedrich Barbarossa, um wenigstens seine Güter in Braunschweig und Lüneburg zurückzuerhalten. Ihm wird eine dreijährige Verbannung auferlegt. Nach dem Tod seiner Gattin kehrt er 1189 aus dem Exil von England nach Braunschweig zurück. Er stirbt am 6. August 1195 in Braunschweig.

Karin Bernst

Die Gründung Münchens

Von Hermann Lingg

An der Brücke zu Vöhring am Isarfluß
Nahm der Freisinger Bischof den Zoll,
Das machte dem Lande manch herben Verdruß
Und dem Herzog von Bayern viel Groll.
Er dachte bei sich: »Bin Herr ich im Land,
so soll mir nicht binden ein andrer die Hand!«

Wohl führt' er Beschwerden und Klagen darob;
Der Bischof nahm dessen nicht acht,
Hielt alles wie früher, – begehrt' und erhob
Die Zölle von jeglicher Fracht.
Vom Wagen und Saumroß, von Floß und Kahn,
Vom eiligen Schlitten auf eisiger Bahn.

Kaum rollten von ferne die Räder daher,
Die Fuhren mit Salze von Hall,
Aufächzten die Achsen beladen gar schwer,
Und es klang durch die Forste der Schall,
So sprangen die Knechte der Bischofs hervor,
Besetzten die Brücken und sperrten das Thor.

Und einst, als im Dunkel schon lag der Strand,
Von herbstlichen Stürmen durchweht,
Kam Heinrich der Löwe von fernem Land
Zur Brücke geritten noch spät;
Ihm führten die Knappen in stattlichem Troß
Lombardische Pferde, manch herrliches Roß.

Er staunte gar groß, da der Wächter am Thor
Zu halten ihm hier gebot,
Und wollt' er hinüber, so müss' er zuvor
Die Pferde verzollen. – Zornrot
Rief grimmig der Löwe: »Nicht einen Huf!
Hier schirmt meine Lanze, hier schaltet mein Ruf.«

Mit grimmigen Blicken und schrecklichem Wort
Erhob er das Schwert und befahl,
Zu brechen und niederzubrennen sofort
Die Brücke mit Pfeiler und Pfahl.
Und allsogleich schwangen den lohenden Brand
Die reisigen Reiter im Eisengewand.

Nicht lange, so prasselte Rauch und Glut
In wütenden Flammen empor,
Die Brücke sank ein und versank in die Flut,
Und es stürzte zusammen das Thor,
Es krachten die Balken, die Woge schwoll
Und warf an die Felsen zerschellend den Zoll.

Dem Lauf des Isarflusses entlang
Ritt Heinrich mit seinem Geleit,
Da hört' er am Morgen den frommen Gesang
Des Mönchs in der Einsamkeit,
Und die Welle der Isar rauschte so traut
Vom Glanze der herbstlichen Sonne betaut.

Da faltete gern der stolze Mann
Die Hände zum stillen Gebet
Und stiftete Mark und Münze dann
Am Orte, wo München nun steht,
Zur mächtigen Stadt aus kleinem Markt
In Gottes allmächtigem Schutz erstarkt.

Hermann Lingg, geboren am 22. Januar 1820 in Lindau am Bodensee, gestorben am 18. Juni 1905 in München, Gedicht aus: »Vaterländische Balladen und Gesänge«, München 1868

Die Zerstörung von Markt und Münze in Föhring

Wann genau Markt und Münze in Föhring »zerstört« wurden, ist nicht belegt. Wie der Oberföhringer Pfarrer Karl Riedl erwähnt, wurde noch ein bischöfliches Schloss zerstört. Hierbei könnte es sich um die Sommerresidenz der Freisinger Bischöfe Ottenburg gehandelt haben. Das Schloss Ottenburg befindet sich in der Gemeinde Günzenhausen bei Eching. Der »nächtliche Überfall« Heinrich des Löwen und die Zerstörung von Föhring verkam in den folgenden Jahren immer mehr zur romantisch ausgeschmückten Legende.

Der Überfall Heinrichs des Löwen in der Literatur

Der bayerische Geschichtsschreiber Aventinus schrieb als erster über den Überfall aus dem Jahr 1521 in seiner »Bayerischen Chronik«: »Hertzog Heinrich XII. in Bayern hatt die Statt Mönchen gebauet, auff das von Closter Schefflarn Grund darumb man es die Statt Mönchen hat genennt, und führet einen Mönch für ihr Wappen. Damals war deß Salzhandels Niederlag zu Pfering, unterhalb Mönchen gieng die Straß von Reichenthal durch Wasserburg. Hertzog Heinrich verbrennet die Statt Pfering, brach die Brück über die Isar ab, legt Maut und Zoll, die Straß und allen Handel in seine Statt Mönchen.«

Gute 300 Jahre später, 1824, schreibt Christian Müller in seinem Werk »München unter König Maximilian Joseph I.«:

»München fand schon früh, im achten und neunten Jahrhundert, an dem mächtigen nachbarlichen Bistum Freising ein Hindernis seines Emporkommens, und die baierischen Herzoge bereuten die »Munifizenz« (Freigebigkeit), mit der sie dasselbe unterstützt und reich gemacht hatte, weil dem Reichtume bald Übermuth folgte.

Am Fühlbarsten wurde dieser, nachdem Baierns Herzog Ludwig das Kind, im zehnten Jahrhundert, dem Bistum Freising, als es bei ihm um eine Brandsteuer bettelte, den an der Isar liegenden Hof, – Curtem quandam Veringa nuncupatam cum pertinentiis suis – Veringen schenkte, der schon im Jahre 940, wegen seiner Bedeutenheit, vom Kaiser zur Curtis regia, – zum Königshof, bestätigt, und vom Kaiser Arnulph seiner Mutter Ota als bedeutendes Geschenk übergeben worden war.

Die klugen Bischöfe wußten das neue Besitztum nur allzugut zu benutzen. Sie errichteten hier unter kaiserlicher Begünstigung eine Münzstätte, eine Salzniederlage, eine Brücke über die Isar und sogar ein Zollhaus, bei welchem selbst das baierische, von Reichenhall in das Reich, nach Franken, Schwaben, die Schweiz und Burgund ausgeführte Salz im eigenen Lande des Herzogs mit Zollabgaben belegt wurde.

Dadurch stieg Vehringen schnell empor. Handelsleute setzten sich hier fest. Von der starken Zufuhr, von der Zehrung vieler Fuhrleute und ihren Bedürfnissen fanden die Gewerbetreibenden reichlichen Unterhalt. Es entstanden Märkte, und ein großer Zulauf des Volks zu der Kirche des Orts. Freising zog seine beträchtlichsten Einkünfte aus dieser Besitzung. (…) Je mehr die kleine baierische Ansiedlung an der Isar sich vergrößerte, desto mehr zog sie die Blicke ihrer Landesherren auf sich; und jemehr sich die Bischöfe von Freising Eingriffe in die baierische Territorialhoheit erlaubten, desto unwahrscheinlicher war es, dass sich die Herzoge solche Anmaßungen länger gefallen lassen würde, wenn auch die Verwandtschaft mit den Kaisern und mit den baierischen Herzogen die anmaßlichen Bischöfe eine Zeitlang noch zu schützen vermochte.«

Karin Bernst

Zwei kaiserliche Urkunden

Die Augsburger Vereinbarung

Die Augsburger Vereinbarung oder der Augsburger Schiedsspruch bestätigte 1158 die Verlegung des Marktes nach München und verfügte die Aufhebung von Markt und Münze des Freisinger Bischofs in Föhring. Zur Entschädigung erhielt dieser ein Drittel an den Münz- und Zolleinnahmen von München.

Die Augsburger Urkunde vom 14. Juni 1158 im Wortlaut:

»C [Monogramm Christi].

Im Namen der heiligen und unteilbaren Dreifaltigkeit. Friedrich durch Gottes gütige Huld Kaiser der Römer und allzeit erhabener Herrscher an seinen geliebten Onkel Otto, Bischof von Freising, und dessen durch kanonische Wahl zu bestellende Nachfolger in Ewigkeit.

Da wir durch Gottes Güte das Steuer des Reiches in Händen haben, verlangt es die Würde, dass wir mit deren Hilfe nach besten Kräften für die Ruhe der Zeiten und den Frieden der Kirchen vorausschauend Sorge tragen. So erhoffen wir uns eine friedvolle Lenkung des uns anvertrauten Erdkreises für die Gegenwart, für die Zukunft aber als Lohn ewige Vergeltung vom König der Könige.

Aus diesen Gründen haben wir den Streit, der um den Markt bei Föhring und München bekanntlich hin- und herwogt zwischen Dir, teuerster Oheim, der gegenwärtig die Würde des Bischofs von Freising innehat, und unserem hochedlen Vetter Heinrich, Herzog von Bayern und Sachsen, bei unserem Zusammensein mit den Fürsten auf solche Weise entscheiden lassen, dass künftig zu einer Spannung jeder Anlass beseitigt sein dürfte, der dieser Sache wegen zwischen Euch auftauchen könnte. Die gegenwärtigen Geschlechter aber und die kommenden sollen den Wortlaut der Abmachung kennen, die mit Eurer beider Zustimmung und Willen feierlich getroffen wurde:

Der Markt, der [bisher] bei Föhring abgehalten zu werden pflegte, die Zollbrücke und Münze werden dort künftig nicht mehr bestehen. Zum Ersatz dafür hat unser Vetter Herzog Heinrich der Kirche von Freising ein Drittel des Gesamteinkommens aus seinem Marktzoll zu München übertragen, sei es aus Abgaben für Salz, sei es für andere dort ein- oder ausgehende Groß- oder Kleinwaren. Einen eigenen Zöllner aber soll nach Gutdünken jeder von Euch haben oder, wenn das für gut erscheint, beide zusammen einen, der jedem von Euch verantwortlich sein soll.

Mit der Münzprägestätte soll es ähnlich gehalten werden, indem ein Drittel ihrer Einkünfte der Bischof erhält, zwei Drittel aber dem Herzog zufließen. Das aber wurde vom Herzog in Treue gelobt, dass ohne List und Niedertracht diese einzelnen Anteile der Kirche von Föhring ewig geleistet werden sollen. Die Münzstätte jedoch soll nach Gutdünken des Herzogs errichtet werden können. Die Freisinger Münzstätte soll endlich auch der Bischof nach eigenem Belieben errichten können. Von ihren Einkünften soll der Herzog nur ein Drittel erhalten und er all diesen Anteil, er sei groß oder klein, nach dem Wunsch des Bischofs als Lehen an jemand weitergeben, wie er es auch bereits getan hat.

Wir bestimmen also und bekräftigen mit dieser Urkunde, dass die Festlegung dieser gegenseitigen Übereinkunft für alle Zeit unerschütterlich Geltung haben soll und dass jeder von Euch, was er erhalten hat, ungestört besitzen soll zu Eurer und Eurer Nachfolger dauernden Nutznießung.«

Es folgen die Abschlussformeln, die Zeugenliste, Namen, Rang und Monogramm Kaiser Friedrich Barbarossas, die Bestätigung durch Rainald von Dussel und das Datum der Urkunde. Die Absätze im deutschen Text sind neu eingefügt.

Quelle: Monumenta Germaniae Historica, Dokumente Friedrichs I.

Das Regensburger Urteil

Nach der Absetzung Heinrichs des Löwen am 13. Januar 1180 widerrief Kaiser Friedrich Barbarossa am 13. Juli 1180 die getroffene Vereinbarung zu Augsburg von 1158 und gab dem Klage führenden Bischof Adalbert von Freising das alte Recht auf Markt und Brücke zurück.

Die Regensburger Urkunde vom 13. Juli 1180 im Wortlaut:

»C [Monogramm Christi].

Im Namen der heiligen und unteilbaren Dreifaltigkeit. Friedrich von Gottes Gnade Kaiser der Römer und allzeit erhabener Herrscher.

Was durch die Autorität des Kaisers festgelegt wird, soll auch schriftlich aufgezeichnet werden, damit es nicht im Wandel der Zeiten in Vergessenheit gerate oder durch trügerische Machenschaften schlechter Menschen eine unwürdige Veränderung erfahre.

Es mögen daher in Gegenwart und Zukunft alle Getreuen des Reiches wissen, dass unser geliebter Albert, Bischof von Freising, vor unserer Majestät erschienen ist und untertänig vor uns Klage geführt hat, dass der Edelmann Heinrich von Braunschweig, vormals Herzog von Bayern und Sachsen, den Markt mit der Brücke in Föhring, den seine Kirche seit uralten Zeiten ungestört in Besitz gehabt hatte, zerstört und ihn gewaltsam in den Ort München verlegt habe.

Die Wahrheit dieses Sachverhaltes war unserer Hoheit zwar schon bekannt, er hat sie vor unserem Gericht aber auch noch durch sieben gesetzliche Zeugen bewiesen, nämlich Erzbischof Konrad von Salzburg, Bischof Kuno von Regensburg, Markgraf Bertold von Istrien, Graf Gebhard von Sulzbach, Pfalzgraf Otto den Älteren, seinen Bruder Otto den Jüngeren und den Burggrafen Friedrich.

Infolgedessen wurde, da ein Urteil von den Fürsten unseres Hofgerichtes gefordert worden war, in dieser Sache entschieden, dass die kaiserliche Autorität die unbesonnene [vermessene] Tat des genannten Heinrich ungültig zu machen habe. Wir widerrufen daher gemäß dem Wortlaut des Rechtsspruches die Übertragung [Verlegung] des besagten Marktes, stellen eben diesen Markt samt der erwähnten Brücke unserem getreuen Bischof von Freising und seinen Nachfolgern zurück und bestätigen dies ihnen und ihrer Kirche für immer durch diesen Freibrief.«

Es folgen Bestimmungen zu weiteren Themen sowie die Abschlussformeln, Zeugenliste, Namen, Rang und Monogramm Kaiser Friedrich Barbarossas, die Bestätigung durch den Vizekanzler Gottfried und das Datum der Urkunde.

Quelle: Monumenta Germaniae Historica, Dokumente Friedrichs I.

München unter der Verwaltung der Freisinger Bischöfe

Von 1180 bis 1240 übte das Hochstift Freising als Lehensträger des deutschen Königs die Herrschaftsrechte in München aus. Zwischen dem Fürstbischof von Freising Otto II. und dem bayerischen Herzog Ludwig der Kelheimer (1183–1231) kam es zu ersten Streitigkeiten, da der Herzog Ansprüche auf die Münchner Stadtherrschaft geltend machte. 1204/1205 vermittelte König Philipp zwischen den beiden (und legte nochmals eine jährliche Entschädigung von 57 Drachmen von Gold fest). Auch Otto IV., der Sohn Heinrich des Löwen und deutscher König seit 1208, benannte in einer Urkunde von 1209 erneut die Einkünfte zwischen dem Herzog und dem Bischof. Es ist leider nur die Tatsache dieser königlichen Vermittlung überliefert, nicht aber der Wortlaut. Die Wittelsbacher Herzöge blieben während der Herrschaft der Freisinger Bischöfe in München münzberechtigt und waren an den Einnahmen von Markt und Münze beteiligt. Ausgenommen blieb aber der Münchner Brückenzoll, der – wie auch die Isarbrücke – bis 1802 als Eigentum der Bischöfe angesehen wurde.

Um 1210 erhielt der Markt München den Rechtsstatus einer Stadt. Ab 1240 übernahm der Wittelsbacher Otto II. der Erlauchte (1231–1253) nach langwierigen Auseinandersetzungen mit dem Freisinger Bischof die Herrschaft über München. In diesem Jahr kam es zum Vergleich zwischen Herzog Otto II. und Bischof Konrad I. Das Hochstift begnügte sich mit einer festen Ausgleichszahlung und verzichtete auf die vorher bestandenen Regierungs- und Verwaltungsrechte. Das älteste erhaltene Münchner Stadtsiegel von 1239 hatte noch den Adler als Wappenbild, dieser wurde ab Anfang des 14. Jahrhunderts vom Löwen der Wittelsbacher verdrängt.

Wappen Hochstift Freising

Die Bezahlung der Ansprüche aus dem Brückenstreit

Die Zahlung der jährlichen Geldbeträge für die Tat Heinrichs des Löwen erfolgte durch die Münchner Stadtkammer bis zur Säkularisation im Jahre 1802 an den Freisinger Bischof. Diese Entschädigung wurden dann weiterhin von der Münchner Bürgergemeinde an die bayerische Staatskasse abgeliefert.

Die Stadt hatte zudem noch die Verpflichtung von jährlich 25 Gulden 8 Kreuzer für den bischöflichen Kleinzollanteil zu zahlen. Mit Gründung des Bismarckreiches waren das 43 Mark und 10 Pfennig. Diese Zahlung überlebte auch noch den Untergang der bayerischen Monarchie, bis sie durch die Inflation im Jahre 1923 auf den winzigen Bruchteil eines Rentenpfennigs herabsank und nur aus diesem Grunde nicht mehr bezahlt werden konnte. Aber erst während der NS-Zeit, am 3. August 1934, gab der nur noch dem Namen nach existierende bayerische Staat in einem Vergleich mit der »Hauptstadt der Bewegung« seinen Rechtsanspruch auf Empfang dieser Gebühr auf.

Die kommunalen Gebühren für die vereinbarte Nutzung der bischöflichen Isarbrücke von München gingen bis zum Jahr 1848 an den bayerischen Staat. Durch die Bezahlung des 18-fachen Betrags (987 Gulden) wurde diese Verpflichtung von jährlich rund 54 Gulden nach dem Ablösegesetz gelöscht.

Karin Bernst

Vom Jagdgebiet zum Wäldchen: der Prielwald

Zur Jagdsaison bekamen die Oberföhringer ihren Landesherrn zu Gesicht. Da es um die Bischofsstadt Freising wenige Jagdgebiete gab, suchte der Fürstbischof gerne den Prielwald auf, wenn er sich in seiner Sommerresidenz in Ismaning aufhielt.

Die bayerischen Herzoge versuchten mehrmals, den Priel, der auch die Hochwildjagd erlaubte, gegen Jagdreviere bei Freising zu tauschen. Herzog Albrecht V. schlug 1551 einen Tausch vor zwischen einem Jagdgebiet bei Kranzberg und dem »Gehilz unweit zwischen Bogenhausen und Oberföhring gelegen, so man den Priel[1] nennt, desgleichen die Aue, was unterhalb Oberföhring bis gegen Unterföhring (...)« liegt. Zu einem Vertrag kam es nicht.

Man muss sich den Priel als einen locker, vorwiegend mit Eichen bestandenen Laubwald vorstellen, der in erster Linie landwirtschaftlichen Zwecken diente. Die Bauern holten aus ihm Streu für den Stall und Holz als Bau- und Heizmaterial; dem Vieh diente der Wald als Waldweide. All das war den Bauern durch den sogenannten »Pluembesuch« (Blumbesuch) im Jahr 1650 zugesichert worden – ebenso wie die »Nutzung des Holzes zu ihrer Notdurft«.

Der Priel blieb freisingisch, was Jäger aus München aber nicht abhielt, in dem exponierten Grenzwäldchen unerlaubt zu jagen. In den Archiven zeugen Beschwerdeschreiben an den kurfürstlichen Hofrat von anhaltenden Streitereien. Von 1696 an häufen sich Beschwerden gegen den Grafen von der Wahl, der trotz Anschuldigungen immer wieder seiner hemmungslosen Jagdleidenschaft nachging. Die Gemeinden Oberföhring, Unterföhring, Englschalking und Daglfing beschwerten sich 1700 über den Grafen, »weil er schon seit vielen Jahren mit seinen Hunden und den Seinigen bei so teueren, schweren Zeiten und starken Getreidegilten mit Hetzen und Jagen im Weizen auf Wachtelfang ging, wie die Feldhüter bezeugen können, indem wir (...) so großen Schaden erlitten und alles Getreide teuer kaufen mussten.«

Kurfürst Max II. Emanuel von Bayern und der Freisinger Fürstbischof Johann Franz von Eckher auf Kapfing nahmen daraufhin die Tauschverhandlungen wieder auf, bei dem sogar der Kaiser in Wien eingeschaltet wurde. Dieser Tausch dauerte das ganze 18. Jahrhundert hindurch. Ein Rezess von 1723 regelte einvernehmlich die Jagdbarkeit und legte Standorte von 24 Wildtafeln, von der Straße nach Oberföhring (ungefähr auf Höhe der Normannenstraße und Englschalkinger Straße) nach Daglfing und von dort weiter nach Norden. Diese Tafeln markierten zugleich die Südgrenze des Hochstifts Freising zum Herzogtum Bayern bis zur Säkularisation im Jahre 1803.

Ein Votivbild in der St. Nikolauskirche in Englschalking spricht von einer Begebenheit aus der napoleonischen Zeit. Das Bild zeigt das Dörfchen Englschalking mit der

---

[1] Priel kommt vom althochdeutschen »bruil« und bezeichnet eine mit Buschwerk bewachsene Wiese oder einen Tierpark.

St. Nikolauskirche; im Hintergrund sieht man die Alpen; von rechts sprengen aus dem Prielwald berittene Franzosen auf das Dorf zu. Im Juni des Jahres 1800 lagerte »das fürchterliche Kriegsheer der Franzosen in dieser Gegend, besonders in dem sogenannten Pruelholz« heißt es in einer Erklärung zum Bild.

Die Soldaten hatten »(…) allenthalben große Forderungen« und verursachten »(…) auch viele Schäden durch Vergehungen in mehreren Dorfschaften«. Als »einstmals ein ganzer Schwarm dem Dörflein Englschalking (…)« entgegenritt, flehte der Dorfführer Franz Ailler zum Kirchenpatron Nikolaus und bat um Fürbitte bei Gott. Er wolle eine Tafel stiften, falls die Gemeinde vor der bevorstehenden Lebensgefahr und auch vor anderen zu »befürchtenhabenden Übel und Schaden« bewahrt werden sollte.

Die Franzosen verschonten Englschalking und kehrten vermutlich abermals in den Prielwald zurück, denn Franz Ailler ließ notieren: »Und so sehet Wunder, wir erfuhren augenscheinlich Hilfe, so daß die ganze Gemeinde außer einem großen, allgemeinen Aufwand und anderer Gefahr jederzeit beschützt blieb. Gott und unser heiliger Kirchenpatron Nikolaus sein ewiger Dank gesagt!«

Der etwa 250 Tagwerk große Prielwald, begrenzt von der Isarhangkante, der Wahnfriedallee im Norden, der Cosimastraße im Osten und der Normannenstraße im Süden, wurde nach der Verweltlichung des Hochstifts versteigert und innerhalb weniger Jahre abgeholzt. Der Lehmabbau war bis an den Waldrand herangerückt; seit 1753 gab es hier einen kurfürstlichen Ziegelstadel. Ab 1810 entstanden weitere Ziegeleien, mit Trockenstädeln und Öfen, aber auch Wohnhäuser. Der Weiler Priel, bestehend aus drei Häusern, wuchs bis 1860 auf eine Ortschaft mit zwölf Hausnummern an – davon waren fünf Ziegeleien.

Eine davon, mit acht Tagwerk Fläche, gehörte dem Münchner Architekturmaler Anton Höchl, der das vom Vater geerbte Wohnanwesen zu einer Künstlervilla ausbaute. Höchl bewirtete Künstler und Gäste aus dem gehobenen Bürgertum Münchens. Auch sein Nachbar, Herzog Maximilian in Bayern, der sein Anwesen im Herzogpark hatte, zählte zu seinen Gästen. Heute ist die Stadt München Eigentümerin des ehemaligen Höchlanwesens. Auf dem Grund steht seit 1982 das Krankenhaus Bogenhausen – aber auch der beliebte Schlösselgarten. Von diesem Biergarten aus ist noch heute die als »Höchl-Schlössl« bekannte Villa zu sehen.

Hinter dem Bogenhausener Krankenhaus liegt eine ruhige Oase – der Odinhain. Dieses Wäldchen stellt vermutlich den letzten Rest des früheren Prielwaldes dar. Zwei Ortsteilschilder an der Oberföhringer Straße (an der Wahnfriedallee beim ehemaligen Pflasterzollhaus und vor der Brücke über den Isarring) weisen auf den etwas vergessenen Landstrich im Münchner Nordosten hin.

Roland Krack

Synonym für Wohlstand und Noblesse: der Herzogpark

Aufklärung und Liberalismus des ausgehenden 18. Jahrhunderts bereiteten die Wege für Veränderungen im sozialen Bewusstsein der Herrschenden für ihre Untertanen, das anvertraute Militär und das Volk. Das Bewusstwerden der Freiheit für jeden Einzelnen, die Entdeckung eines Lebensgefühles für Natur, ihre Schönheiten und Entfaltungsmöglichkeiten ließen Pläne reifen, dem Volk Gärten zu öffnen, die bis dahin allein dem Adel vorbehalten waren, bisher unbeachtete Wildnis zu erkennen und zu gestalten und dem Militär in diesen Friedenszeiten Betätigung und Erbauung in eigenen Militärgärten zu gewähren, um selbst Erträge zu erwirtschaften, aber auch Erholung zu finden.

Kurfürst Karl Theodor (1724–1799) fand in dem Amerikaner Sir Benjamin Thompson (1753–1814), der 1784 an den Münchner Hof kam, den ideenreichen Initiator und Realisierer dieses Zeitgeistes. Gegen vielerlei Missstände wie Hunger und Armut wurde im Auftrag des Kurfürsten ein Reformprogramm umgesetzt, das auch eine Heeresreform einschloss. Interessen der Soldaten sollten mit denen der Zivilbevölkerung in Einklang gebracht werden, sodass auch in Friedenszeiten das Militär dem Wohl des Volkes dienstbar gemacht werde.

Die bisher von den Kräften der Natur geprägten Auenlandschaften zwischen der Stadt, der Isar und zahlreichen nach Norden und Osten fließenden Stadtbächen sollten beherrschbar und gestaltet werden. Sir Thompson, ab 1792 zum Reichsgrafen Rumford ernannt, plante den Englischen Garten, der all diese Bedingungen erfüllen wird.

Wo Liberalität den Menschen Bewusstsein für Freiheit, Selbstentfaltung, Anspruch auf Freude und Wohlergehen bescherte, brachte die Aufklärung grundlegende Erkenntnisse für und durch Natur, Naturwissenschaften und Technik und die Möglichkeiten, dadurch Neues zu gestalten.

Die Kräfte des Wassers, die seit jeher das Leben bedrohten, die Hochwasser, die immer wieder Opfer forderten, die Felder überfluteten, durch Unterspülung der Isarhänge Siedlungen verwüsteten und Häuser abstürzen ließen, Brücken und Wege zerstörten, konnten gebannt werden und zum Nutzen des Menschen verwandelt werden.

Die Isar wurde zum Ende des 18. Jahrhunderts durch Dämme und Mauern begradigt, Bäche wurden eingedämmt und die Wasserkraft durch Mühlen und Hammerwerke genutzt. Zum Schutz des im Bau befindlichen Englischen Gartens wurde im Jahr 1790 durch den Direktor der Wasserbaubehörde Adrian von Riedl (1746–1809) gegenüber von Bogenhausen die Isar durch einen Damm begradigt. Von Riedl war auch damit beauftragt, den Eisbach und den Schwabinger Bach zu fassen. Im Eisbach wurde die Mühle am Tivoli gebaut und etwas weiter flussabwärts am Einlauf des Schwabinger Baches, ein Stahlwerk in die Isar, später auch ein Elektrizitätswerk und die Lokomotivfabrik Maffei.

Rechts der Isar wurde ab 1805 durch Carl Friedrich von Wiebeking (1762–1842), Direktor des Wasser-, Brücken- und Straßenbaus in Bayern, die Begradigung des Flusslaufes durch Aufschüttung eines Damms in diesem Bereich abgeschlossen.

Von nun an gab es im unteren Bogenhausen keine Überschwemmungen mehr. Der immer wieder unterspülte Hang, durch den die oben liegenden Häuser am Priel und in Oberföhring gefährdet waren, kam zur Ruhe, das Schwemmgebiet, von Kiesbänken durchzogen, mit spärlichem Krüppelbewuchs, vielen feuchten Gräben und Wasserarmen, fiel allmählich trocken, das Terrain konnte nutzbar gemacht werden.

Nach dem Tod des Kurfürsten Karl Theodor im Jahr 1799 kam vom Mannheimer Hof Kurfürst Max IV. Joseph nach München. Ihn begleitete als Minister Maximilian Graf von Montgelas (1759–1838) – ein glänzender Staatsmann, der große Reformer und Gestalter des modernen Bayern. Montgelas erwarb 1802 ein Anwesen im oberen Bogenhausen, das er zu einem kleinen Landsitz vor den Toren Münchens ausbaute.

Das Haus selbst wird von Carl August Lebschée (1800–1877), dem akribischen Topographen Münchens und Bayerns, als ein »höchst einfaches Landhaus« beschrieben, wohl nur eine Erweiterung des »Steinern Hauses« früherer Besitzer, das auf Plänen aus dem 18. Jahrhundert schon zu sehen ist. Das Gelände, heute der Bundesfinanzhof an der Ismaninger Straße, reichte von der »Fernstraße« München–Oberföhring–Ismaning bis zur Isar.

Durch die von Wiebeking durchgeführte Eindämmung und Trockenlegung des Schwemmgebietes unterhalb des Isarhangs war ein großes Areal entstanden. Auf den Kiesbänken siedelten sich Gestrüpp und kleine Bäume an, aus den Flussarmen waren Rinnsale, kleine Teiche und Gräben geworden. Allmählich entstand eine parkähnliche Landschaft. Graf Montgelas beauftragte Friedrich Ludwig von Sckell (1750–1825), den bewährten Erbauer und Gestalter des Englischen Gartens, auch diesseits der Isar einen naturnahen Park zu gestalten.

Eine umfassende Beschreibung dieses Montgelas'schen Besitzes findet sich in dem lange verschollenen und bis jetzt noch nicht wieder publizierten Buch »Der Gräflich Montgelas'sche Naturgarten zu Bogenhausen«, München 1830. des Botanikers Aloys Sterler (1787–1831) aus dem Jahr 1829.

Skizzen der Gartenanlagen sind nicht mehr vorhanden. Es war ein durch den steilen Isarhang vorgeprägter natürlicher Landschaftsgarten mit einer »niedlichen Voralpe« und Ausblicken auf Isar, den Englischen Garten und das Gebirge. Nutzgärten, Blumengärten, viele exotische Gewächse und umfangreiche Bepflanzungen mit Bäumen waren vorhanden. Wie sehr die Familie Montgelas sich mit dem von ihr geprägten Park identifizierte, zeigt die sogenannte Maximilianseiche. Aus Anlass der Geburt des Stammhalters im Jahr 1807 wurde eine Eiche gepflanzt, die nach dem Tod des Grafen 1838 und dem

Verkauf des Anwesens herausgenommen und in den Besitzungen der Witwe, Ernestine Gräfin Arco, vor Schloss Egglkofen wieder eingepflanzt wurde – bis heute vitale Erinnerung an den großen Staatsmann.

Auch einige Gebäude sind auf späteren Plänen noch zu finden: eine Orangerie und Gewächshäuser im südlichen Teil (heute Kufsteiner Platz), ein Wirtschafts- und Gutsgebäude unterhalb des Prielwaldes (heute Tennisplatz Flemingstraße) und wenige kleinere Häuser, ganz im Norden.

Unterhalb des Dorfes Bogenhausen/Neuberghausen, in dem im 18. Jahrhundert zeitweilig auch als modischer Badeort genutzten »Brunnthal«, entspringt der Brunnbach. Dieser lief nahe entlang der Hangkante, durch viele weitere kleine Zuflüsse gespeist, parallel zur Isar und mündet heute im Grüntal. In Karten aus dem 17. Jahrhundert ist ein Bach »Auf den Ziegelhütten« zu sehen, der einen Hinweis darstellt, dass dieses Gewässer auch zum Flößen der im oberen Bogenhausen hergestellten Ziegelprodukte genutzt worden ist und demzufolge auch eine mit schweren Fuhrwerken befahrbare Straße aus dem oberen Bogenhausen dahin geführt hat (heute Kufsteiner Straße?).

Nach seiner Abdankung als Ministers im Jahr 1817 lebte Montgelas relativ zurückgezogen in seinem Bogenhauser Refugium. Nach seinem Tod 1838 wurde das Anwesen an die Wittelsbacher Familie des Herzogs Maximilian in Bayern verkauft. Der gesamte Bogenhauser Besitz betrug etwa 120 Hektar. Nach dem Tod des Herzogs am 15. November 1888 folgte seine Witwe Herzogin Ludovika Wilhelmine als Grundherrin und nach deren Tod 1892 Herzog Karl Theodor in Bayern (1839–1909). Die Herzogsfamilie hatte den Park als Nutzgarten und privates Erholungsgelände genutzt. Durch umfangreiche Zukäufe war das Areal in Bogenhausen und dem benachbarten Oberföhring auf 120 Hektar angewachsen.

1892 wurde Bogenhausen nach München eingemeindet, und so war eine erhebliche Wertsteigerung durch das Bestreben nach Stadterweiterungen zu erwarten.

Herzog Karl Theodor verkaufte am 5. Mai 1900 den unteren Park als »Bauerwartungsland« (389 Tagwerk) für vier Millionen Mark (drei Mark pro Quadratmeter) an die »Terrain-Aktiengesellschaft Herzogpark München-Gern«, eine Baugesellschaft, die für das gehobene Bürgertum Grundstücke bis zur Baureife entwickelte und vermarktete.

Den oberen Bereich des Areals mit dem ehemaligen Wohnhaus (heute Bundesfinanzhof, Ismaninger-, Törring- und Montgelasstraße) erwarb der Farbenfabrikant und Kunstmaler Ernst Ph. Fleischer. Eine überdimensionale Künstlervilla wurde aus Geldmangel nie fertiggebaut, der halbfertige Bau wurde 1922 für die jetzige staatliche Nutzung umgestaltet und vollendet.

Mit dem Einreichen »Allgemeiner Pläne« für den südlichen Teil des von der Terraingesellschaft erworbenen Geländes bei der Lokalbaukommission durch den Direktor Dülfer im Januar 1901 begann die Geschichte des heutigen Herzogparks, der bis heute Synonym für Wohlstand, Noblesse, Groß- und Bildungsbürgertum und eine *der* Adressen in München ist.

Es wurde ein spezifisches Wohngebiet geplant. Die Straßen waren – einem Villenviertel mit vielen Gärten entsprechend – als »Straßen zweiter Ordnung« angelegt, durchwegs 13 bis 15 Meter breit, mit sieben Metern Fahrbahn und zwei Trottoirs von je drei bis vier Metern. Einzig die Durchgangsstraße nach Oberföhring, die spätere Mauerkircherstraße, sollte ein Ausmaß von 20 bis 25 Metern erhalten. Dülfer schlug vor, den Verkehr durch kleine Plätze zu erleichtern.

»Um in der Anlage eine günstige architektonische Wirkung zu erzielen, glauben wir, für die an die Plätze grenzenden Grundstücke und Blocks, die sonst Vorgärten haben, auf solche verzichten zu können. Der Unterzeichnete (Dülfer) verpflichtet sich, für die Ausgestaltung der Plätze Ideenskizzen zur Verfügung zu stellen (...). Die unterfertigte Gesellschaft ist bereit, mit dem hohen Magistrat ins Einvernehmen zu treten behufs Abgabe von Bauplätzen zur Anlage von öffentlichen Gebäuden (...).«

Mindestens fünf Prozent an freien Flächen seien sichergestellt, öffentliches Grün wäre wegen der Nähe des Englischen Gartens, der großen Parks und privaten Gärten allerdings nicht erforderlich. Von den geforderten Einfriedungen mit eisernen Gitterzäunen sollte amtlicherseits aber Abstand genommen werden – diese seien eigentlich zu teuer.

Der Magistrat genehmigte im November 1901 zwar die Bebauung, die Wertschätzung der Natur wurde aber wie folgt beurteilt: *»So bedauerlich es ist, daß ein von der Natur so ausgezeichnetes Gelände wie der Herzogpark der Bebauung zugeführt werden muß, statt in seiner unvergleichlichen Schönheit erhalten zu bleiben, so können doch jetzt, wo einmal der Besitzübergang in die Hände einer Terraingesellschaft erfolgt ist, auch hier nur die üblichen, bzw. aus öffentlichen Rücksichten unerlässlichen Bedingungen gestellt werden. Es wird deshalb der Frage nicht näher getreten, ob nicht nach den Ansichten bekannter Kenner des Städtebaus eine namhafte Fläche – etwa 10% des Gesamtwaldes – unbebaut liegengelassen und der Allgemeinheit – selbstverständlich ohne Entree zugänglich erhalten werden sollten; vielmehr mag es nach der Ansicht des Magistrats genügen, wenn die Terraingesellschaft von ihrem umfangreichen Besitze 5% des gesamten Terrains als Anlage bzw. Erholungsplätze der Allgemeinheit zur Verfügung stellt. Die Vertretung der Stadtgemeinde muß jedoch bei der Auswahlfläche von anderen Gesichtspunkten ausgehen, als dies die Terraingesellschaft in dem heute zur Beschlussfassung vorliegenden Alignementplan gethan hat.«*

Es wurde hart gerungen um die Erhaltung besonderer Baumgruppen, einen breiten öffentlichen Grünstreifen und einen Weg entlang der Isar ins beliebte, attraktive Ausflugsziel Oberföhring, um so viel Grün für die Allgemeinheit wie möglich zu schaffen. Die endgültige Genehmigung des ersten Bauabschnitts bis zur Leonhard-Eck-Straße, etwa zur heutigen John-F.-Kennedy-Brücke, erfolgte im Jahr 1904.

Nun wurden zügig die Straßen angelegt und der Verkauf der Grundstücke und die Bebauung vorangetrieben. Von Süden an wurden entlang der Mauerkircher-, Pienzenauer-, Kufsteiner- und Herzogparkstraße Miethäuser gebaut, die für prominente Münchner wegen der guten Erreichbarkeit der Stadt gerne angemietet wurden. Ärzte, Sängerinnen, Leute vom Theater, höhere Beamte, Professoren, Bankiers, Unternehmer, Verleger fanden hier ihre Wohnung. Auch die junge Familie von Thomas Mann zog erst in die Mauerkircherstraße.

Weiter im Norden, ab der Poschingerstraße, entstanden großzügige Reihenhäuser. In einem Drillingshaus an der Mauerkircherstraße 39, 41, 43 wohnten der Schauspieler Gustl Waldau, der Historiker Erich Marcks und der Dirigent und Hofoperndirektor Bruno Walter nebeneinander. In den umliegenden großen Gärten entstanden repräsentative Villen, die durch ihre herausragenden Architekten wie Dülfer, Jäger, Eyrenschmalz, Grothe, Langheinrich, die Brüder Ludwig, Riemerschmid, Stöhr, Troost und viele weitere dem Gebiet besondere Gestaltung verliehen für all die Prominenten, die diese Villen erwarben und für Jahrzehnte das Image des Herzogparks prägten.

Nach der anfänglich schnellen Vermarktung der Grundstücke vor dem Ersten Weltkrieg geriet der weitere Ausbau nach Norden durch die veränderte politische Situation wie Weltkrieg, Depression und Inflation in schwere Krisen. Die Geschäfte kamen in den

Straßenbaukolonne an der Mauerkircherstraße, 1912

1920er-Jahren fast völlig zum Erliegen. Nur weiter im Norden im Bereich Oberföhrings (heute Ende Fleming-, Adalbert-Stifter-Straße), das erst 1913 eingemeindet worden war und deshalb noch nicht voll erschlossen und somit der Grund billiger war (auch wegen der oft unerträglichen Mückenplage in diesem noch sehr feuchten Gebiet), entstanden einfachere Wohnhäuser für »einfachere« Leute wie Lehrer, niedere Beamte, Handwerker.

Während der NS-Zeit mussten viele Eigentümer ihre Villen wieder verlassen, so auch Thomas Mann, der mit seiner Familie 1913 in der Poschingerstraße 2 gewohnt hatte. In diesen Anwesen nisteten sich die neuen Machthaber ein und fanden so über Nachbarschaften Zugang zu den gesellschaftlich einflussreichen Kreisen. So verkehrte zum Beispiel Adolf Hitler häufig im Hause von Ernst. Reichsstatthalter Franz Xaver Ritter von Epp residierte in der Mauerkircherstraße in der Villa der vertriebenen jüdischen Familie Bach. Deren Geschäft »Isidor Bach« am Sendlinger Tor war Münchens erstes großes Konfektionshaus und wurde 1936 »arisiert«. An seiner Stelle steht heute das Kaufhaus Konen.

Villa Thomas Mann, Poschingerstraße 2, 2008

In den 1950er-Jahren wurden die weiter nördlich liegenden freien Flächen Richtung Grüntal bebaut. Am Ende der Mauerkircherstraße entstand auf der rechten Seite eine Reihenhaussiedlung für die amerikanische Besatzungsmacht. Auf der Seite zur Isar wurden Häuser gebaut, die den anspruchsloseren Vorstellungen dieser Zeit entsprachen, in denen sich aber nach wie vor die geistige, künstlerische und wirtschaftliche Elite zusammenfand – Professoren, Modemacher, Künstler, Ärzte, Schriftsteller, Verleger.

In den Folgejahren trat bereits der Generationswechsel der Erstbesiedler ein. Die Anwesen kamen oft in neue Hände. Die hohen Grundstückspreise mussten über verdichtete Bebauung und intensive Vermarktung erwirtschaftet werden. Der behutsame Umgang mit dem parkartigen Charakter der Gegend, der bei den Abwägungen der ersten Bebauung eine wichtige Rolle spielte, ist verloren. Der Eingriff in den Untergrund zum Bau von Tiefgaragen führt dazu, dass dem Restbestand alter Bäume »das Wasser abgegraben« wird und die Wiederbegrünung dieser unterirdischen Betonkolosse das endgültige Verschwinden des eigentlichen Parks zur Folge hat.

»Wirtshaus im Grüntal«, 2008

Herzogpark – außer dem Namen ist nichts geblieben.

Gisela Scola

Inflation

Der Vorarbeiter einer Oberföhringer Ziegelei fragte Anfang 1923 um eine Lohnerhöhung nach und bekam zur Antwort: »Was wollen Sie denn, ich zahle Ihnen doch eh schon eine Million.«

Nach dem Ersten Weltkrieg (1914–1918) wurde das Deutsche Reich Republik. Es folgte der Friedensvertrag von Versailles, der dem Deutschen Reich und seinen Verbündeten die alleinige Kriegsschuld zuwies und dazu führte, dass zahlreiche Gebiete abgetreten werden mussten (unter anderem das Saargebiet, das Memelland, Nordschleswig, Teile Oberschlesiens und Westpreußens, Danzig, das Freie Stadt wurde, und das Reichsland Elsass-Lothringen, das wieder französisch wurde). Hohe Reparationsforderungen der Alliierten schwächten das Deutsche Reich zusätzlich. Als Deutschland mit den Zahlungen in Verzug geriet, besetzten die Franzosen kurzerhand das Rheinland. Deutschland protestierte, und die Arbeiter der dortigen Schwerindustrien streikten. Um die Streikenden unterstützen zu können, ließ die Reichsregierung mehr Banknoten drucken. Die Notenpressen liefen auf Hochtouren. Die steigende Geldmenge führte zu höheren Preisen, denen man mit noch mehr Geld zu begegnen versuchte. Druckte man anfangs noch die alten Reichsbanknoten zu 100 Reichsmark (RM) und zu 1000 RM in rauen Mengen – die Banknoten waren das Papier nicht mehr wert, auf das sie gedruckt waren –, sah man sich bald genötigt, neue Banknoten mit immer astronomischeren Nennwerten zu schaffen – bis zu 100 Billionen RM. Die Lohnentwicklung hinkte der Preisentwicklung hinterher, und so litt die breite Bevölkerung große Not. In der Phase der Hochinflation wurden die Löhne täglich, später sogar halbtäglich, ausgezahlt. Gleichzeitig war Deutschland auf Grund der Wechselkurssituation zum Billiglohnland geworden, was zur Folge hatte, dass deutsche Produkte im Ausland gewinnbringendst verkauft wurden. Für den Kauf ausländischer Waren fehlten dem Deutschen Reich dagegen die Devisen, was ein weiterer Grund für die Not der Bevölkerung war. Während der Hochinflation war es möglich, mit einem halben US-Dollar zwei bis drei Wochen Urlaub in Oberbayern zu verbringen.

Auf einer zeitgenössischen Karikatur sieht man zwei abgerissene Gestalten, die sich unterhalten: »Wie werden wir als Milliardäre aussehen, wenn wir jetzt als Millionäre schon so elend sind?«, fragt eine.

Eine angeblich wahre Geschichte erzählt, dass das Geld 1923 von den Notendruckereien in Waschkörben zu den Bankfilialen gebracht wurde. Einer dieser Geldtransporte wurde in einem unbewachten Augenblick überfallen – doch nicht das Geld wurde gestohlen, sondern die Waschkörbe.

Kleinere Unternehmer, oft am Rande zur Insolvenz, verkauften ihre Firma zu einem bestimmten Betrag, doch wenn die Summe ausbezahlt wurde, war diese schon nichts mehr wert. Gewaltige Industrieimperien entstanden. 1923 kostete ein Ziegelstein im Reichsformat 80 Milliarden RM.

Ende 1923 entschloss sich die Reichsregierung zur Schaffung der Rentenmark, man tauschte die alten Banknoten in einem Verhältnis 1 : 1 Billion um, aber nur die Banknoten von einer Billion aufwärts. Die niedrigeren Banknoten, sozusagen das Kleingeld, wurden nicht getauscht.

Josef Krause

Heutige Isarbrücken im Münchner Nordosten

Föhringer Eisenbahnbrücke (oberste Brücke)
1907/1908 erbaut für die Ringbahn Schwabing–Ostbahnhof;
zweigleisige Erweiterung 1940;
zerstört am 30. April 1945, neu eröffnet Ende 1969.

Leinthaler Brücke, Straßenbrücke (zweite von oben)
erbaut 1902/1903; teilweise zerstört am 30. April 1945;
wiedereröffnet Herbst 1949; heutiger Bau ist von 1982.

Herzog-Heinrich-Brücke
erbaut ab 1959/1960,
eröffnet 1962.

St.-Emmerams-Brücke, Fußgängerbrücke
erbaut 1978, Einweihung November 1978;
durch Feuer zerstört September 2002;
Wiederaufbau 2004, Einweihung 13. Mai 2005.

Stauwehranlage mit Fußgängersteg
Bauzeit 1920–1924.

John-F.-Kennedy-Brücke, Straßenbrücke
Bauzeit 1961/1963; Eröffnung 18.12.1963.

Max-Joseph-Brücke, Straßenbrücke
Holzbrücke erbaut 1804, teilweise abgebrochen 1809;
zweite Holzbrücke, sogenannte Wiebeking'sche Bogenbrücke, erbaut 1812;
1826 Notbrücke aus Holz, 1873 vom Hochwasser zerstört;
Eisenbrücke, Max-Joseph-Brücke, erbaut 1875, 1899 vom Hochwasser zerstört;
Notbrücke durch das Militär errichtet;
die heutige Max-Joseph-Brücke wurde 1901/1902 erbaut.

Die Bogenhausener Brücke

Bis zum Bau einer Brücke in Bogenhausen im Jahr 1804 gab es keinen Übergang zwischen den Isarufern der Residenzstädte München und Freising. Der bayerische Minister Montgelas ließ sich damals eine Holzbrücke zur besseren Verbindung von seinem Landsitz in Bogenhausen zu seinem Stadtpalais am Promenadenplatz errichten. Diese Brücke brach man im Jahre 1809 teilweise ab. Im Jahre 1811/1812 wurde die zweite Holzbrücke gebaut, deren zwei Pfeiler gemauert waren. Als sie 1823 baufällig geworden war, ersetzte man sie 1826 durch eine Notbrücke, die immer wieder geflickt wurde, bis das geschah, was viele befürchtet hatten: »Am 1. September 1873 um ½ 6 in der Frühe hatten sich durch das Hochwasser einige Flöße von ihrem Ländeplatz losgerissen und prallten gegen die Holzpfeiler der Bogenhausener Brücke. Das bejahrte, vor 47 Jahre errichtete Provisorium stürzte ein.«

Bis zur Errichtung eines Notstegs im Frühjahr 1874 wurde eine Fähre für den Personenverkehr eingerichtet. Die Einweihung einer eisernen Fachwerkbrücke mit dem Namen Max-Joseph-Brücke fand am 12. Oktober 1876 statt. Diese Brücke wurde von der Gemeinde Bogenhausen in eigener Regie gebaut. Die Gemeinde nahm dafür ein mit fünf Prozent jährlich zu verzinsendes Darlehen von 238 000 Mark auf. Zur Finanzierung des Darlehens erlaubte die königliche Regierung den Bogenhausenern, einen Brückenzoll zu erheben. Die Hoffnung, dass der Brückenzoll genügend einbringen würde und damit die Unkosten gedeckt werden könnten, erfüllte sich nicht. Auch alle Fußgänger, die in Bogenhausen wohnten und zuvor keinen Zoll zahlen mussten, wurden ab 1883 mit drei Pfennig zur Kasse gebeten. 1891, als die Bürger von Bogenhausen den Anschluss ihres Dorfes an München beschlossen, beliefen sich die Schulden für den Bau der Brücke noch auf 220 000 Mark. Diese Schulden übernahm die Stadt München mit der Eingemeindung von Bogenhausen zum 1. Januar 1892.

Die Max-Joseph-Brücke wurde vom Jahrhunderthochwasser am 13. September 1899 zerstört.

Die heutige Brücke wurde in den Jahren 1901/1902 erbaut. Es entstand eine Dreigelenkbogenbrücke aus Muschelkalkquadern, die vom Architekten Theodor Fischer gestaltet wurde.

Der Oberföhringer Brückenwunsch

Carl Friedrich von Wiebeking, der die zweite Bogenhausener Brücke plante, wurde 1805 durch Kurfürst Maximilian I. Joseph zum Chef des Zentralbüros für den Straßen- und Wasserbau ernannt. Er erhielt den Auftrag zur Regulierung der Isar zwischen München und Ismaning. In seinem Werk »Theoretisch-praktische Wasserbaukunst« schreibt er: »Bis zum Jahre 1806 strömte die Isar unterhalb Münchens vielarmig und bot, beim niedrigen Wasserstande, nichts als unfruchtbare Kiesflächen dar. Sie drohte die Dörfer Oberföhring und Ismaning fortzureißen und schien die Mängel des bayrischen Flußbaues, selbst in der Nähe der Hauptstadt, zu beweisen.«

Vor der Regulierung der Isar konnte man das mehr als 100 Meter breite Flussbett mühelos durchwaten. In alten Aufzeichnungen der Pfarrei von Oberföhring ist zu lesen: »Die Isar hatte den Flößern so sehr durch ihre seichten Stellen Ärger veranlasst, dass ihre Flüche zahlreich und bis in die Wolken vernehmlich waren.« Für die meisten Flöße und deren Transportgut war München sowieso Endstation. Fuhren im Jahre 1865 noch 2129 Flöße (ca. 20 Prozent) weiter, so sank die Zahl bis zum Ende des 19. Jahrhunderts auf ungefähr 70 Flöße (ca. ein Prozent) im Jahr.

Für das Jahr 1759 vermerkte der damalige Pfarrer von Oberföhring: »Zur Haltung des Gemeinde-Schiffes, auf welchem der Bruckmüller das kranke Vieh herüber führen muss, zahlte der Pfarrer 25 Kreuzer.« Es ist anzunehmen, dass schon bald nach der Zerstörung des Oberföhringer Überganges durch Heinrich den Löwen eine Fähre das Übersetzen zum anderen Ufer ermöglichte. Diese wurde wohl auch durch die Oberföhringer Bauern genutzt, um zu ihren Weideplätzen in die Hirschau zu gelangen. Mit der Anlage des Englischen Gartens (seit 1789) erhielten die Oberföhringer Gemeindemitglieder etwas weiter nördlich gelegene Ersatzgrundstücke zugeteilt. Teile dieser Hirschaugründe kaufte König Maximilan II. Joseph im September 1851 für die Erweiterung des Englischen Gartens den Bauern ab.

Danach hatten die Oberföhringer einen Grund weniger, den Fluss zu queren. Um ihre Waren in die Landeshauptstadt zu liefern, benutzten sie lieber die steinerne Brücke (Ludwigsbrücke) als die Bogenhausener. Über den Unterhalt der Brücke in Bogenhausen kam es darum auch zu Meinungsverschiedenheiten zwischen dem Staat und den anliegenden Gemeinden. Auf einer Gemeindeversammlung im Februar 1854 beschlossen die Oberföhringer, »(...) lieber die Bogenhausener Brücke eingehen zu lassen, als einen Beitrag dafür zu leisten«.

Im März 1877 beantragten schließlich die Bürger von Oberföhring bei der Regierung von Oberbayern die Erlaubnis zur Errichtung eines Steges über die Isar für Fußgänger und leichte Fuhrwerke. Ein Grund für diese Entscheidung war gewiss, dass sie für die Benützung der Brücke in Bogenhausen Brückenzoll zu zahlen hatten. Dazu kam noch der Pflasterzoll auf den Straßen nach München. Außerdem erhofften sich die Oberföhringer zusätzliche Einnahmen in den Gaststätten und eine Aufwertung ihrer Grundstücke. Das Bedürfnis nach diesem Steg, der als ein »gedeihliches Interesse der Gemeinde« dargestellt wurde, begründeten sie unter anderem so:

»Es wird vor allem durch die Erbauung eines Steges eine Verbindung der beiden Flussufer hergestellt, welche den großen Vorteil bringt, dass der Verkehr der Gemeinde Oberföhring und aller um dieselbe in nicht zu großer Entfernung herumliegenden Ortschaften mit den Ortschaften des gegenüberliegenden Ufers bedeutend erleichtert wird.

Es kommt dann noch weiter hinzu, dass durch die Ausdehnung der Promenaden von Seite der Bewohner der Hauptstadt vor allem in den Sommermonaten den Einwohnern von Oberföhring und dadurch auch mittelbar der Gemeinde so manche Bezugsquelle eröffnet würde, die ihr im Interesse der Hebung des Wohlstandes wohl zu gönnen wäre. Wenn außerdem noch die Erlaubnis erwirkt wird, dass die Milchfuhrwerke eine kurze Strecke die Hirschau passieren dürfen, so ergibt sich für die Landwirte Oberföhrings und der Umgebung ein weiterer Vorteil.«

Finanzieren wollten die Oberföhringer das Projekt, für das Kosten von 5000 Mark angesetzt waren, durch den »Bierpfennig«, eine Getränkesteuer. Der Bierpfennig war bereits 1872 genehmigt worden, um das neue Gemeindehaus zu bezahlen. Er hatte sich sich als eine so erträgliche Einnahmequelle entwickelt, dass die Gemeinde im Jahre 1876 eine neue Schuld von 2000 Gulden für die Erweiterung des Schulhauses aufnehmen konnte. Doch in einem Schreiben des Bezirksamtes an die Regierung von Oberbayern im August 1877 teilte der Bürgermeister von Oberföhring mit, dass das Brückenprojekt in Anbetracht der zu hohen Kosten vorläufig nicht weiterverfolgt werde. Zum einen sei die Gemeinde nicht in der Lage, einen Plan und Kostenvoranschlag zu liefern, zum anderen seien die Gemeindeschulden durch den Kauf einer Kiesgrube bereits genügend angestiegen.

Der Wunsch der Oberföhringer nach einer Brücke blieb gewiss bestehen. Im Jahre 1896 kaufte die Gemeinde dem Unterföhringer Fährkonsortium die dortige Drahtseilfähre ab. Diese Fähre querte die Isar ungefähr an der Stelle, an der heute das Stauwehr steht und war bis zu dessen Baubeginn im Jahre 1920 in Betrieb.

Die Leinthaler Brücke

Der erste Abschnitt der Isarkorrektion war bis zum Jahre 1878 fertiggestellt. Ab 1880 wurde der zweite Abschnitt von Unterföhring über Ismaning bis Grüneck reguliert. Die Isar wurde nicht mehr in ein schnurgerades Bett gezwängt, sondern in gleichmäßigen Krümmungen weitergeführt. Die Regulierung der Isar brachte es mit sich, dass der Fährbetrieb zwischen Unterföhring und Freimann zum Erliegen kam.

Aus diesem Grunde stellte die Gemeinde Unterföhring am 28. November 1895 einen Antrag an das königliche bayerische Ministerium des Innern zum Bau einer Brücke zwischen Oberföhring und Unterföhring, bei der »Badergrube«.

Der Antrag enthielt viele Begründungen, unter anderem folgende:

- Eine Brücke für Fuhrwerke- und Personenverkehr würde von den umliegenden Gemeinden, wie von Schwabing, freudigst begrüßt werden.
- Die Strecke über Aumeister und Badergrube sei am billigsten zu bauen.
- Sie sei eine Notwendigkeit, da von der Bogenhausener Brücke bis fünf Stunden abwärts überhaupt keine Brücke mehr sei.

- Eine Brücke wäre auch eine ausgleichende Gerechtigkeit, da Unterföhring schon immer das Überfahrtsrecht über die Isar gehabt und dieses bis zum Jahr 1887 ausgeführt habe. Der vielleicht 1000 Jahre bestehende Verkehr der beiden Isarufer durch Kähne wurde durch die Korrektur der Isar vollständig aufgehoben. Die zwei einander gegenüberliegenden Gemeinden, die schon seit jeher miteinander verkehrten, seien nun vollständig getrennt und von einander abgeschnitten, können sich gegenseitig nicht mehr spontane Hilfe leisten, was gerade Unterföhring in dem Jahre 1893 bei dem Brand so schwer empfinden musste.
- Durch die Brücke würde Grund und Boden in Unterföhring bedeutend gewinnen, weil im Laufe der nächsten Jahre gewiss noch mehrere Ziegeleien entstünden. Aller Ziegelverkauf nach Schwabing und die unteren Stadtteile würde über diese Brücke gehen. Auch die Milch- und Torffuhrwerke würden zu ihren Geschäften diese Brücke als näheren Weg zur Stadt benützen.
- Gleichfalls wünschenswert wäre diese Brücke für das Militär, für den königlichen Hof, welcher die Jagd in Ismaning hat, und für die Herrschaften, die dann auf der rechten Seite der Isar zum Aumeister spazieren könnten.

Der Antrag wurde im Mai 1896 abgelehnt, »(...) weil die spätere Fortsetzung der sogenannten Ringbahn in der Richtung von Schwabing zum Ostbahnhofe keineswegs ausgeschlossen erscheint und von maßgebender Bedeutung ist«.

In der öffentlichen Sitzung des Landrates von Oberbayern am 26. November 1896 beschäftigte man sich mit dem Antrag der Landräte Kalb und Selmayr zum Brückenbau in Unterföhring. Es begann ein zähes Ringen zwischen den Gemeinden Oberföhring und Unterföhring, den Bezirken rechts und links der Isar und der Landeshauptstadt um den Bau und den Standort der neuen Brücke.

In einem Schreiben vom Oktober 1897 vom Bezirksamt I an die Regierung erläutert der zuständige Regierungsrat: »(...) während eine Brücke bei Unterföhring für die Bewohner von Oberföhring und Daglfing insbesondere aber auch für jene der Hauptstadt keine Vorteile bringen würde, habe ich stets den Bau einer Brücke bei Oberföhring angestrebt. Die beteiligten Gemeinden, welche mit Gemeindeschulden und Umlagen überlastet sind, sowie die Distriktgemeinde München links der Isar und rechts der Isar, deren Umlagen schon eine bedenkliche Höhe erreicht haben, sind nicht im Stande, die hohen Kosten des Brückenbaues aufzunehmen.«

Im März 1898 wurde eine Einigung unter den Gemeinden dahingehend erzielt, dass die Brücke nicht in Unterföhring, sondern bei Oberföhring erbaut werden sollte.

Doch weder der Magistrat von München noch der Distriktsrat links der Isar zeigte ein weiteres Interesse. Erst als die Gemeinde Freimann große Zuschüsse für eine Brücke bei Unterföhring in Aussicht stellte, fasste man den dortigen Bau ins Auge.

Ende des 19. Jahrhunderts begannen die ersten Verhandlungen über die Finanzierung. Kostenvoranschläge und Pläne wurden erstellt und ein Baufonds wurde gegründet. Die Kosten wurden auf 350 000 Mark veranschlagt, davon sollten durch freiwillige Zuschüsse der Gemeinden und Realitätenbesitzer (Ziegeleibesitzer) 185 000 Mark gedeckt werden, 40 000 Mark kamen aus dem Kreisfonds, den Rest bezahlten die beiden Distrikte.

Im September 1902 erteilte die Regierung von Oberbayern die Genehmigung zum Brückenbau – allerdings unter gewissen Bedingungen:

- Die benötigten Flächen müssten von den Distrikten angekauft werden.
- Es dürfte kein Brückenzoll erhoben werden.
- Es würde keine Entschädigung vom Staat geleistet bei Beschädigung der Brücke in Folge der Vertiefung der Flusssohle oder durch mangelhafte Unterhaltung der Korrektionsbauten.
- Im Falle der Einführung der Großschifffahrt auf der Isar müssen die sich als notwendig erweisenden Abänderungen an der Brücke von den beiden Distriktgemeinden auf ihre Kosten vorgenommen werden.

Die feierliche Übergabe der Leinthaler Brücke fand am 13. Oktober 1903 statt.

Am 30. April 1945, bevor die Amerikaner München befreiten, wurden der westliche Teil der Leinthaler Brücke und die Föhringer Eisenbahnbrücke gesprengt. Über einen provisorischen Fußgängersteg aus Holz konnte man ab 1949 das andere Ufer erreichen. Anfang 1950 wurde die reparierte Brücke wieder dem Verkehr übergeben. Als sie 30 Jahre später baufällig geworden war, ersetzte man die Leinthaler Brücke 1982 durch einen Neubau.

Die Föhringer Eisenbahnbrücke

Die Föhringer Eisenbahnbrücke für die Münchner Ringbahn wurde in den Jahren 1907/1908 mit einem Kostenaufwand von rund 180 000 Mark gebaut. Sie überschritt, damals noch eingleisig, die Isar 35 Meter unterhalb der Leinthaler Brücke und verband Schwabing mit dem Ostbahnhof. Die Pfeilerfundamente wurden für einen künftigen zweigleisigen Ausbau breit genug angelegt.

Schon bei der Errichtung der Leinthaler Brücke rechnete man mit einer fortschreitenden Vertiefung der Isar. Nach damaligen Beobachtungen ging man von einer jährlichen Vertiefung von zehn Zentimetern aus. Diese war allerdings rascher vorgeschritten, als man angenommen hatte, und wurde zusätzlich durch das Hochwasser des Sommers 1910 beschleunigt. Zum Schutz der Eisenbahnbrücke baute man daher flussabwärts eine wehrartige Grundschwelle in die Isar ein, um dadurch wieder eine Auflandung der Flusssohle zu erreichen.

Im Jahre 1940 errichtete man für ein zweites Gleis parallel neben der alten eine zusätzliche Brücke. Ende des Zweiten Weltkrieges zerstört, stellte man die nötige Verbindung provisorisch mit Pioniermitteln wieder her. Mit dem Bau einer neuen Brücke 1968/1969 war die Strecke wieder zweigleisig befahrbar.

Die Oberföhringer Stauwehrbrücke

Bereits vor dem Ersten Weltkrieg gab es Pläne, das Gefälle der Isar zwischen München und Moosburg für die Stromerzeugung zu nutzen. Um 1918 wurde die Mittlere Isar AG gegründet; den damaligen Vorsitz hatte der Wasserkraftfachmann Theodor Rümelin. Die Wasserkraftanlagen der mittleren Isar entstanden in den Jahren 1921 bis 1929. Am ca. 54 Kilometer langen Werkkanal von Oberföhring bis Moosburg befinden sich Kraftwerke in Finsing, Aufkirchen, Eitting, Pfrombach und ein später (1950) erbautes Zwischenkraftwerk am Speichersee.

An der Oberföhringer Stauwehranlage, errichtet von 1920 bis 1924, wird die Isar bis auf eine Tiefe von sechs Metern aufgestaut. Bis zu 150 Kubikmeter Isarwasser pro Sekunde kann man durch die acht Öffnungen des Einlaufbauwerkes in den Kanal ableiten. Das Stauwehr hat vier Öffnungen von je 17 Meter Breite und 5,65 Meter Höhe. Die Gesamtweite zwischen den Ufermauern beträgt 78,5 Meter.

Der Energiekonzern E.ON hat im Jahr 2006 ein neues Kraftwerk auf der Insel zwischen der Isar und dem abzweigenden Isarkanal in Betrieb genommen, das Strom für rund 1500 Haushalte liefert.

Die Herzog-Heinrich-Brücke

Um eine neue Anschlussstelle für die Nürnberger Autobahn mit dem Frankfurter Ring zu ermöglichen, errichtete man in den Jahren 1958/1960 eine Hochbrücke, den »Tatzelwurm« in Freimann. Seit Mitte der 1960er-Jahre gibt es dadurch eine Verbindung über den Föhringer Ring, eine neue Brücke – die Föhringer Isarbrücke – zur Effnerstraße und schließlich über den Mittleren Ring zur Autobahn Salzburg. Die Föhringer Isarbrücke, heute Herzog-Heinrich-Brücke genannt, wurde nach einem Entwurf der bayerischen Straßenverwaltung in den Jahren 1959/1960 errichtet und 1962/1963 dem Verkehr übergeben.

Die John-F.-Kennedy-Brücke

Die Anfänge zum Bau des Mittleren Ringes begannen mit dem Ausbau der Richard-Strauss-Straße im Jahr 1955. Von ihr über den Effnerplatz schaffte man mit einer neuen Isarbrücke einen Anschluss zu den nördlichen Stadtvierteln und dem Englischen Garten. Ursprünglich sollte die in den Jahren 1960/1962 konstruierte und gebaute Brücke den Namen Herzog-Heinrich-Brücke erhalten, nach dem Mord an dem amerikanischen

Präsidenten Kennedy am 22. November 1963 nannte man sie aber John-F.-Kennedy-Brücke. Die Eröffnung der neuen Straßenbrücke fand am 18. Dezember 1963 statt.

Die alte Holzbrücke bei St. Emmeram

1978 wurde bei St. Emmeram eine Holzbrücke für Fußgänger errichtet, deren Stil als Reminiszenz an frühere Zeiten und Bauten gedacht war. Irgendwo in der Nähe hat wohl einst die legendäre Isarbrücke gestanden, die Herzog Heinrich der Löwe 1158 zerstören ließ.

Die Holzbrücke stellte ein wichtiges Verbindungsglied zwischen dem Englischen Garten und St. Emmeram in Oberföhring dar. Seit 1976 war ein Übergang an dieser Stelle im Gespräch. Der Entwurf stammte vom Baureferat der Stadt München, Konstruktion und Statik vom Münchner Ingenieurbüro Natterer. Die Gesamtlänge der in drei Monaten fertiggestellten Brücke betrug 96 Meter. Mit Hilfe von verzinkten Stahlknotenplatten und flächigen Nagelblechen war es möglich, die dreifeldrige Fachwerkträgerbrücke über die Stützweite von 52 Metern im Mittelfeld zu spannen. Der aufgesetzte Dachstuhl war mit Zedernschindeln eingedeckt. Als Gehbahnbelag wurden fünf Zentimeer dicke Bohlen aus sehr hartem Bongosiholz aufgelegt.

In der Nacht vom 2. auf den 3. September 2002 verständigten um 2.20 Uhr mehrere Isaranwohner wegen starker Rauchwolken die Feuerwehr. Als die 60 Einsatzkräfte die Holzbrücke in St. Emmeram erreichten, stand sie schon auf der gesamten Länge gleichmäßig in Flammen. Ein Indiz, dass es sich um Brandstiftung handelte.

Die Feuerwehr bemühte sich, die Brücke vor dem Einsturz zu bewahren, damit die Balken nicht in die Isar fallen und weitere Schäden anrichten könnten. Die Holzschindeln der Dachdeckung waren komplett verbrannt und Teile des Gebälks herabgestürzt. Die Holzverkleidung wurde bis auf Reste des Geländers vollständig, der Bodenbelag zum größten Teil zerstört. Der Gesamtschaden wurde auf 2,2 Millionen Euro geschätzt.

Da die Brücke versichert war und eine Instandsetzung nicht in Frage kam, beschloss der Stadtrat, an der gleichen Stelle eine ähnliche Brücke zu errichten. Ungefähr ein Jahr nach dem Brand konnte der Brandstifter festgenommen werden. Zur gleichen Zeit sprach man einen seit Ende 2002 inhaftierten Verdächtigen frei. Die neue Fußgängerbrücke bei St. Emmeram wurde am 13. Mai 2005 enigeweiht.

Karin Bernst

Anhang

Bildnachweis

Aus Archiven und Sammlungen
Bayerisches Hauptstaatsarchiv S. 33, 46, 47, 48, 49, 57, 78, 95 · Städtische Galerie im Lenbachhaus S. 18 · Stadtarchiv München, S. 72 · Stadtmuseum München S. 23, 45, 46, 53, 77 · Landeshauptstadt München, Kommunalreferat, Luftbildarchiv S. 73 · Deutsches Museum S. 41 · Landesamt für Vermessung und Geoinformation S. 38 · Archäologische Staatssammlung München S. 19 · Österreichisches Staatsarchiv, Handschriften des Klosters Mondsee S. 28, 29 · Bildagentur Stiftung Preußischer Kunstbesitz Berlin S. 51 · Kunstsammlung Veste Coburg S. 54 · Neue Pinakothek, ARTHOTHEK S. 55 · Stadtmuseum Freising S. 56 · Staatliche Grafische Sammlung S. 64

Aus Publikationen
Archäologisches Jahrbuch 1983 S. 26 · Fritz Lutz, St. Emmeram S. 35 · Fritz Lutz, Daglfing ... (Fritz Leibinger, 1913) S. 90 · Verlag Peda Passau, www.peda.de S. 36 · Hausbuch der Mendelschen Zwölfbrüderstiftung Nürnberg S. 42 · Illustrierte Zeitung, 3. Januar 1874 S. 57 · Berg am Laim, Erich Kasberger, Foto Schmid S. 68

Aus Privatbesitz
Christian Ude S. 7 · Karin Bernst S. 9, 10, 11, 12, 13, 14, 15, 17, 39, 59, 60, 61, 64, 65, 68, 69, 78, 90 · Thomas Bernst S. 21, 40, 51, 59, 65, 82, 88, 116 · Josef Krause S. 22, 26, 27, 30, 42, 49, 66, 81, 84, 85, 86 · Hans P. Thienel S. 30, 31, 32, 33, 34, 36, 40, 43, 44, 45, 54, 56, 58, 65, 70, 71, 74, 75, 76, 77, 79 80, 82, 88, 89, 92, 113 · Fritz Hofmann S. 23 · Camilla Kraus S. 67 · G. Urbanek S. 88 · Dietlind Pedarnig S. 74 · Dr. Willibald Karl S. 112 · Postkartensammlung Fritz Meyer S. 62, 63 · Sammlung M. Schillinger S. 68 · Sammlung E. Theen S. 68

Danksagung

Im April 2006 beschloss der Münchner Stadtrat, die 850-Jahr-Feier im Jahre 2008 gemeinsam mit den Bürgern zu gestalten. Münchnerinnen und Münchner, Vereine und Organisationen wurden eingeladen, sich unter dem Motto »Brücken bauen« mit eigenen Veranstaltungen an dem Festprogramm zu beteiligen und diese der Stadt zum Geschenk zu machen.

Das Motto erschien geeignet, in einer ortsgeschichtlichen Ausstellung in Oberföhring auf die Verlegung der Brücke und des Marktes von Föhring nach München vor 850 Jahren aufmerksam zu machen. Deshalb beschloss am 21. Juni 2006 der Vorstand des Vereins für Stadtteilkultur im Münchner Nordosten e.V. (NordOstKultur München) einstimmig, sich an diesem Projekt der Stadt München mit einer eigenen Ausstellung mit dem Titel »Föhring – unfreiwilliger Geburtshelfer Münchens« zu beteiligen und sich beim städischen »Projektteam 850. Stadtgeburtstag« anzumelden.

Josef Krause und Roland Krack entwickelten ein Ausstellungskonzept mit dem abgeänderten Titel »Föhring – Geburtshelfer Münchens?«. Für die Überarbeitung des Konzepts und für die wissenschaftliche Beratung konnte Dr. Christine Rädlinger gewonnen werden, die als freischaffende Historikerin die Stadtgeschichte Münchens als Arbeitsschwerpunkt gewählt hat. Am 3. Mai 2007 traf sich erstmals das Autorenteam des NordOstKultur-Vereins, bestehend aus Karin Bernst, Herbert Feldmann, Roland Krack, Josef Krause und Dr. Gisela Scola. Die Ausstellungskonzeptionierung und -gestaltung übernahmen Dietlind Pedarnig, M.A. und Alexander Strathern, M.A. (onehand.pr), die auch das Plakat und die Werbepostkarte gestalteten.

Als sehr wertvoll erwies sich der Fundus des verstorbenen Heimatkundlers Fritz Lutz, der in jahrzehntelanger Archivarbeit die Grundlagen für historische Betrachtungen über den Münchner Nordosten gelegt hat.

Die Suche nach einem geeigneten Ausstellungssaal führte idealerweise nach Oberföhring. Bernhard Bienlein, Pfarrer der katholischen Kirchengemeinde St. Lorenz, erklärte sich bereit, den Pfarrsaal für drei Wochen im August 2008 zur Verfügung zu stellen. Ausstellungstafeln und -beleuchtung sowie Vitrinen waren Leihgaben des Bayerischen Rundfunks bzw. des Kulturreferats. Auf- und Abbau übernahmen die ehrenamtlich tätigen Vereinsmitglieder.

Viel Zeit nahm die Kostenplanung in Anspruch, die für die Bezuschussung durch die Landeshauptstadt München erforderlich war. Das Kulturreferat hielt das Vorhaben für förderungswürdig und gewährte einen Zuschuss, ebenso der Bezirksausschuss des Stadtbezirks 13 (Bogenhausen). Erst durch diese freundliche Unterstützung war die Finanzierung der Ausstellung sichergestellt – nur mit Eigenmitteln des Vereins wäre ein derartiges Vorhaben nicht durchführbar gewesen.

Nach einem Jahr des Recherchierens, Textens, Bewertens, Korrigierens, Umstellens konnten am 31. Mai 2008 die Arbeiten der Autoren an Texten und Bildern abgeschlossen werden. Der Vereinsfotograf Hans P. Thienel eilte von Motiv zu Motiv, um der Ausstellung zu aktuellen Bildern zu verhelfen. Camilla Kraus steuerte ihre gefühlvollen Bilder der ehemaligen Ziegeleien bei. Bis zuletzt hielt die Suche nach geeigneten Bildern die Autoren und die beiden Ausstellungsgestalter in Atem.

Danach begann die Arbeit von Dietlind Pedarnig und Alexander Strathern an der grafischen Gestaltung der Ausstellungstafeln. Ihnen sei besonders gedankt, da sie das Autorenteam auf das Realisierbare hinwiesen und in verfahrenen Situationen den »Kopf behielten«. In ihrer professionellen und unkomplizierten Art ist es ihnen gelungen, das Rohmaterial in eindrucksvoller Weise anschaubar zu gestalten und damit nicht nur München, sondern insbesondere dem Stadtbezirk 13 ein nachhaltiges Geschenk zu machen.

Der Verein für Stadtteilkultur im Münchner Nordosten e. V. bedankt sich bei Dr. Wolfram Göbel vom Allitera Verlag, der diesen Katalog in kürzester Zeit realisiert hat.

Dank gilt für die freundliche finanzielle Unterstützung des Katalogs auch:

Herrn Dr. Rolf Schumacher, Firma BAUHAUS, Sendlinger Straße 7, 81331 München und

Herrn Dr. Wilfried Hacke, Firma BAYERNAREAL, Immobilien GmbH & Co. Bauträger KG, Denninger Straße 132, 81927 München

Allen am Zustandekommen der Ausstellung Mitwirkenden dankt der Verein für Stadtteilkultur im Münchner Nordosten e. V. herzlichst für das große Engagement.

Das NordOstKultur-Autorenteam

- Karin Bernst
- Herbert Feldmann
- Roland Krack
- Josef Krause
- Dr. Gisela Scola

und der Vereinsfotograf Hans P. Thienel

Einzigartig!

Oberföhring-Bogenhausen

Zwischen Cosimapark und Englischem Garten

- Attraktive 1- bis 5-Zimmer-Wohnung
- Garten, Balkon oder Dachterrasse
- Nähe U4 + S8
- Hell und lichtdurchflutet
- Zusätzlich bezugsfertige Wohnungen im zweiten Bauabschnitt „Lohengrin"

1-Zi.-Whg.,	ca. 44 m² Wohnfläche, Terrasse	€ 151.700,–
2-Zi.-Whg.,	ca. 63 m² Wohnfläche, Balkon	€ 215.700,–
3-Zi.-Whg.,	ca. 76 m² Wohnfläche, Balkon	€ 288.500,–
4,5-Zi.-Whg.,	ca. 210 m² Wfl., Dachterrasse	€ 998.000,–

Beratungspavillon: Wesendonkstr. 52, Mi. 16-18 h, Fr./Sa./So./Feiertag 15-18 h

Telefon 089/94 00 47 04

Oberföhring-Bogenhausen

Im neuen Stadtteilzentrum Cosimapark

- Traumhafte 2- bis 4-Zimmer-Wohnungen
- Alle Wohnungen in sonniger Südwest-Lage
- Gute Ausstattung
- Nähe U4 Arabellapark und S8 Johanneskirchen
- Beste Infrastruktur

2-Zi.-Whg.,	ca. 53 m² Wohnfläche, Balkon	€ 177.900,–
2,5-Zi.-Whg.,	ca. 78 m² Wohnfläche, Terrasse	€ 268.900,–
3-Zi.-Whg.,	ca. 82 m² Wohnfläche, Balkon	€ 288.800,–
4-Zi.-Whg.,	ca. 112 m² Wfl., Dachterrasse	€ 449.000,–

Beratungspavillon: Cosimastraße 191, Mi. 16-18 h, Sa./So./Feiertag 15-18 h

Telefon 089/57 00 56 65

Bogenhausen

Rechtzeitig vorsorgen – entspannt leben

- Malteser-Betreuungs- und Pflegeservice
- Nähe U4 Arabellapark und S8 Johanneskirchen
- behindertengerecht
- erholsamer Wellnessbereich
- Seniorenspezifisches Unterhaltungsprogramm und diverse Info-Abende

1,5-Zi.-Whg.,	49 m² Wohnfläche, Balkon	€ 189.000,–
2-Zi.-Whg.,	57 m² Wohnfläche, Terrasse	€ 219.000,–
3-Zi.-Whg.,	78 m² Wohnfläche, Balkon	€ 299.900,–

Musterwohnung: Hochstiftsweg 29/Ecke Cosimastraße, Mo./Di./Mi. 16-18 h, Sa./So./Feiertag 15-18 h

Telefon 089/999 39 60

www.bayernareal.de

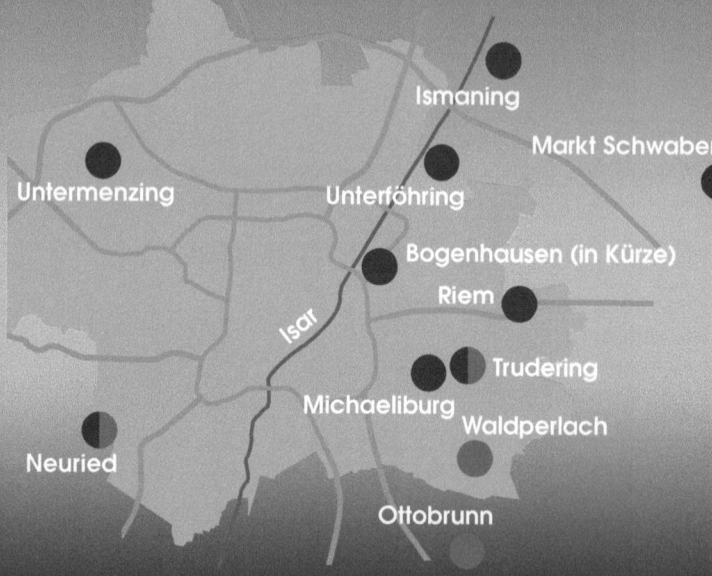